上海地情普及系列丛书

THE STORY OF SHANGHAI
FOR EVERYONE

海韵江南

古名镇

Old Town

Jiangnan Culture in
Shanghai

上海市地方志办公室　主编

田兆元　著

上海人民出版社　　学林出版社

# 总 序

　　1949年，中华人民共和国成立之后，上海作为共和国的"长子"曾以突出的贡献赢得了全国人民的尊重；1978年改革开放之后，上海作为全国改革开放的排头兵、先行者，更是以辉煌的成就赢得了全国乃至全世界的瞩目。上海，不仅吸引了全国各地的劳动者来奋斗、创业，还吸引了大批海外企业家来投资。上海的人口已从改革开放初期的1 000多万激增至2 400万。许多新上海人一边在上海工作，一边被上海这座国际大都市的魅力所吸引，他们渴望了解上海。不仅想了解上海的今天和未来，还想了解上海的昨天；不仅渴望了解一个经济飞速发展的上海，更想了解一个有着丰厚历史文化的上海。新上海人渴望了解上海，那么，我们这些祖辈世代居住在上海的"老上海"就一定了解上海了吗？

　　曾经有一位"老上海"问我，我们这座城市为什么叫上海，而不叫下海呢？我说，您是"老上海"了，怎么会不知道呢？老人摇摇头说，别看我在上海生活了一辈子，其实我不知道的还很多呢！除了上海为什么叫"上海"之外，为什么有人说上海有两条"母亲河"？上海明明只有两个租界，为什么有人说是有三个租界？有些影视剧甚至说上海除了英法租界，还有"日租界"和"德租界"，这对吗？我告诉他，这大概就是"不识庐山真面目，只缘身在此山中"吧。像这位

海人了解上海",就是一项浩大的长期工程。这正是我们上海市地方志办公室、上海史志学会以及上海通志馆和《上海滩》杂志所应承担的光荣任务,编撰出版"上海地情普及系列丛书",就是为完成这一光荣任务所必须坚持的一项长期工作。在过去的几年内,我们的"上海地情普及系列丛书"得到了许多专家学者和热情的读者以及出版单位朋友们的大力支持。在此,我们衷心地表示感谢!并希望在今后继续得到大家的支持!

此为序。

王依群

二〇一九年五月

(本文作者为上海市地方志编纂委员会办公室副主任、

上海史志学会会长、《上海滩》杂志主编)

叶榭草龙

枫泾古镇中的表演

三林标布传承人在织布

新场古镇的民居

七宝教寺

嘉定古镇

# 目 录

# 古镇叙事，如何讲述？

# 古镇，怎么回事？

古镇，这个名字与大上海是不是有些违和？

上海是中国现代化水准最高的城市，是世界上最为发达的城市之一，哪里还有古镇要讲述呢？事实上，上海古镇真是很值得一说的话题。

说起古镇，大家都会想当然地想到这些画面：石子铺成的道路，小桥流水，小吃美食，几个知名人物，没准儿还有人力车、手摇船之类的，形成古镇特有的一些景观。这就是古镇吗？是的，这是古镇，但是古镇不仅仅有这些表面的东西。

古镇有哪些问题要讲？首先，什么叫镇呢？

这个问题并不简单。讲古镇的书成百上千，都是从某某镇说起，最后还是落在某某镇。对于镇是怎么回事、怎么来的，都是不大讲的。

"镇"首先是个动词，即镇住、压住的意思；当然也是名词，指一种力量，或者力量的代表。镇的力量有两类：一是威镇，强大的力量；一是雅镇，温柔的力量。

威镇一般指强大的力量。古代认为，一个州有最大的山为镇，如：兖州镇曰岱宗，即泰山；豫州镇曰华山。这个镇山真是强大，成为一方的支撑和标志。据说更强大的还不是这些镇山，昆仑山那才强大，是大地之首，上为天镇！老天也要一个镇，可见不凡。镇也指权力之大和武力之强。镇住一个地域，如威镇山河、威镇三吴、威镇中原，厉害的还威镇天下。这就是威镇，太强大！

雅镇是温柔的力量。比如镇纸，玉或者楠木做的，创作书画的时候压着纸

张。大宴宾客时，宴席要用玉压着，如屈原《九歌》里写的"瑶席兮玉瑱"。用玉制作的压物的器物，也写作"玉瑱"，"瑱"与"镇"相同，虽然压着，但是力道不猛，温文尔雅。跟那些镇山比，简直是一个天上，一个地下。

这种压制之力便成了"镇"的基本属性。有意思的是，镇的两种力量后来也成为作为一个行政建制的"镇"的两种属性。

我们先看与强大力量相关的镇。早在先秦周王朝时期，据说就有一种行政管理区，叫"镇服"。周王把天下分为九种行政模式加以管理，所谓"九服邦国"，即一种分等级格局的管理模式。王畿是直辖区，周围千里，然后每隔五百里一种模式，依次为侯服、甸服、男服、采服、卫服、蛮服、夷服、镇服和藩服。镇服是第八等管理区，在蛮夷之外，要驻军镇守，所以叫"镇服"。这个镇服的具体的情形不是太详细，但这是"威镇"类的管理区域。

到了北魏时期，出现了一种叫"镇"的军事机构，大抵要塞之类，主要设在西北一带。可北魏统治者后来又把"镇"给废了。但是，类似这种军事要塞之类的镇在很多地方存在，成为镇的最初形式。

到了唐朝，这种带有军事性质的镇大放异彩。唐代的镇主要还是军镇，一个镇要管几个州。镇的长官叫节度使，管的不仅有军队，还有百姓，甚至赋税，有很大的权力。当时的镇比州还大，"镇长"弄不好就是土皇帝。起初，这些镇对于稳定边疆很重要，但是这些节度使野心膨胀，再加上朝廷管理失当，于是酿出安史之乱的大祸。所以唐代的灭亡跟这些不受节制的藩镇密切相关。当然，唐代的镇并不都如藩镇那样强大，拥有广大的空间，有些也是后代镇的雏形，是小型的聚落空间。所以唐代的镇是多元的，不能一概而论。

到了宋代，镇开始变了，变成了具有市场形式的集市。整个宋代社会重文抑武，开始了雅镇的历程。这种雅镇是相对军镇而言的，起初主要还是为管理商贸而设,已然达到一个机构的层次。宋代的文献记载说,老百姓聚集起来,如果达不到县的规模,又有收税的任务,便设立镇,向那些比县小的地方派出监官。这是中国的镇由军镇转为市镇的转折点,镇也由统领州县大片区域变为县下机构,规模大幅缩小。据统计,当时宋朝有一千多个镇,可见镇在宋代便成了具有今天意义的机构了。

明代的镇有两千多个,清代的镇继续发展。可见,镇的发展与社会的发展转型是联系在一起的。

到了晚清,光绪三十四年(1908)十二月二十七日,晚清政府颁布了《城镇乡地方自治章程》,其中第二条规定:"凡府厅州县治城厢地方为城,其余市镇村庄屯集等各地方,人口满五万以上者为镇,人口不满五万者为乡。"这个规定对于镇级机构的成立起到了重要的促进作用。这种设镇的趋势一直延续了下来。

20世纪是镇的真正大发展时期。到了2013年,中国的镇达到了两万多个,创下了前所未有的规模。作为县下机构,人口五万为镇,这是一个基本的规模和格局限定。

镇是从农业社会向城市社会发展的转折节点。中国的四大名镇,后来大都成了大都市:汉口镇现在是中部大都市,佛山镇现在成了地级强市,景德镇也成为特色地级城市,只有朱仙镇还保持着自己的风格。

发展最快的镇,当然是宋代建立的上海镇,如今已是世界级大都市了。

我们并不希望小城镇都发展为大都市。小镇作为富有经济活力、独具特色的文化空间,将与大都市长期并存。

在国际化的大都市上海,我们要传承古镇的文化精神,推动国际化大都市的文化建设与经济建设。

霞飞古镇（朱家角）

# 多长的历史算古镇？

很多古镇号称有几千年的历史，这对不对呢？如果从宋代算起，那最多只有一千多年的历史，因为中国有市镇的建制才一千来年。因此严格地说，一个古镇有几千年的历史这种说法是不恰当的。

但是，任何一地的古镇都不是凭空而来的，在设镇之前就有悠久的历史，所以古镇宣称其有数千年的历史也未尝不可。对于宋元明清以前的古镇，我们不能用五万人的人口标准，但是要称"古镇的萌芽"的话，就要有一定数量的人口集聚在特定的空间，而且这个空间要有一定的公共服务设施，如道路、饮水、公共仪式空间等。无论是军事要塞，还是市场，这个萌芽应该是很早就有了。它应该是村落的扩大版，城市的缩小版。我们很难为镇的起源形态定下准确的标准，但是一定的人口数量聚集在一起，一定的居住空间的公共设施建设，或者军事处所，或者市场中心，都是古镇形成的基本条件。神农氏作市，我们是不是可以把炎帝当作镇的开拓者呢？明清时期，中国古镇发展的催化剂就是市场。

市镇的繁荣时期——明清之际建立起来的市镇距今最多几百年，相对于中国五千年的成熟文明，市镇的历史并不是很古老。它是中国社会商品经济萌芽发展的产物。

那么，我们通常把有多长历史的镇称为古镇呢？

一般来说，我们把具有百年以上建制历史的镇称为古镇。由于这些镇都有很长的历史演进过程，所以，即便只有百年建制，但是都可以追溯千年源流。因此，中国的古镇都有深厚的传统可以讲述。

召稼楼古镇

# 上海何以有古镇？

宋元以来，上海靠着古镇的发展而发展起来了。

有人说上海是在一个小渔村的基础上发展起来的，这是人云亦云。小渔村在哪里？没有人可以回答，因为毫无依据。上海是在滨海的江南古镇的基础上发展起来的，这是有根有据的。而这些古镇又是上海6 000年的积淀形成的，所以上海的古镇可以上溯到几千年前的聚落。即便按照相对标准的古镇形态分析，上海的古镇也有一千多年的历史。

沪渎垒是上海最早的军镇。东晋时期，这个地方有一个沪渎垒。沪渎垒原来就是一个军镇的雏形，为东晋时期大臣虞潭、袁山崧先后所筑。沪渎垒在防卫孙恩之乱中起到了重要作用，但是后来也被孙恩攻破。这个"沪"，就是今天的上海简称的来源。这样看，从东晋算起，上海的"镇"有一千多年历史了。

宋代绍熙年间的上海地方志著作《绍熙云间志》记载，唐代在上海地区设立了华亭县。同时，还在沪渎垒一带的故地设置了一个镇，叫"青龙镇"。这个镇起初也是一个军镇，对于水路进行控制和治理。但是青龙镇由于有港口，贸易发达，于是兼有了市场的地位。当时在建立了华亭县的同时，也有华亭镇存在。有人认为华亭县是从华亭镇发展起来的。可见，在唐代的时候，上海地区就设立了军事与贸易相结合的镇区。青龙镇、华亭镇是唐代重要的海防阵地。青龙镇，曾经也是上海地区最为繁荣的市镇。

在宋代的时候，一个叫"上海镇"的机构建立起来了：南宋咸淳三年（1267），在上海浦西岸设置市镇，定名为"上海镇"。也有人说是宋神宗熙宁七

青龙塔地处上海青浦白鹤镇青龙村，是上海地区最古老的塔

年立镇。在此之前，有一个收缴酒税的机构，叫"上海务"，使用了"上海"的名称。同时，此地有一条河，叫"上海浦"。宋代出现的上海地名，包括"上海镇"，当时都是隶属于华亭县的。上海镇是上海县以及后来上海发展的基础。我们很多的古镇号称"北宋遗存"，都是因为此时有了今天叫"上海"的这个地名。

元至元二十九年（1292）设立了上海县，这离上海镇建立的时间并不长。上海就是从这个上海镇里成长起来的。而那个繁荣一时的青龙镇，后来因为水道淤塞，航运功能丧失，便撤销了，行政上归入上海县。在元代，上海地区的华亭县、上海县所属的镇有了很大发展：华亭县属下有了朱泾镇、金泽镇等12个镇，上海县有青龙镇、盘龙镇、乌泥泾镇、新场镇、下沙镇、周浦镇、三林镇等10个镇，合计22个镇。元代的上海地区有了一批富有活力的古镇群落。

上海镇发展为上海县，华亭县升格为松江府，都是从古镇的基础上发展而来的，然后又孕育了新的市镇。我们在表述上海的过去时，就不能说上海过去就是几个小渔村，而要说上海过去是繁荣的江南市镇。上海是在繁荣的不断生长的市镇群落的基础上发展起来的。

松江府管辖下的县，除了华亭县和上海县，又设立了青浦县。市镇也多出来18个，如青浦镇、朱家角镇都表现出色。但是有些镇如青龙镇、乌泥泾镇，因为交通等问题衰弱了，而倭寇的骚扰掳掠也让很多市镇遭到严重损失。但是，传统的市镇与兴起的市镇，支持着上海地区的繁荣发展。

清代以来，松江府进一步发展，新设了娄县、金山、奉贤、南汇四县。市镇也随之增加扩展。如金山之吕巷、松隐，奉贤之南桥、上下塘，南汇之周浦、新场，都是非常火热的市镇，而原来上海县和华亭县之七宝镇、闵行镇、叶榭镇等持续发展。清代时松江府增加了一百多个市镇。据统计，明清时期，上海地区有两百

多个市镇先后存在。市镇是上海地区的发展根基。

　　20世纪以来，很多市镇进入了城区而失去了身份，如徐家汇镇、法华镇等；有些镇成了县城，难以再称"市镇"；有些镇在城市改造过程中被拆除，如闵行镇等；有些镇衰败消失。但是，上海地区还是保留了大量的明清以来的古镇，成为上海文化传统的承载空间。上海古镇有些成为旅游景点，所谓上海十大古镇，如朱家角镇、七宝镇、南翔古镇、三林塘镇、新场镇、枫泾镇、金泽镇、南桥镇、吕巷镇、泗泾镇等，而没有很好开发的古镇同样很精彩。所以，上海古镇不是传说，而是丰富的现实存在。

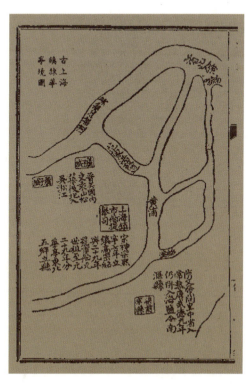

华亭境图

## 如何讲述上海古镇？

我们怎么去感知、去讲述上海古镇的优雅、朴实与繁荣呢？

第一，我们要从语言文字形式上去感知、去讲述上海古镇故事。上海古镇的历史有大量的文献记载，最早的宋代绍熙年间的地方史文献《绍熙云间志》就是书写上海古镇的经典文字。没有这些文字的记载，我们就不能理解古镇的过去。上海的历史十分古远，《绍熙云间志》记载说，在禹贡时代，华亭一带属于古扬州之域，周代先后经过了吴、越、楚三国的管束更迭。三国时期，陆逊被封为华亭侯，遂有其地名，继而有唐代的华亭县。但是书里面同时指出，当时还有华亭镇，华亭县是在华亭镇的基础上建立起来。没有《绍熙云间志》这样的文献，我们是没有办法了解上海地区古镇的历史的。

当然，我们还要从民间的口头表达中去了解上海古镇，从那里找到资料去讲述上海古镇故事。如很多的古镇都流传着汉代将领的故事，而这些汉代将领的故事成为上海古镇地名的来源之一。比如彭浦镇与汉代大将彭越有关，而纪王镇，则与汉代大将纪信有关，甚至连上海城隍庙里都供奉着来自金山的城隍——汉代权臣霍光。为什么上海会有这么多的汉代人物故事？有一种说法是，上海濒海，常有大潮，由于来势凶猛，人称"霸王潮"。而上海之地，民间信仰观念深厚，于是在面对海潮灾害时，既有修建海塘防御之人工努力，也有信仰神灵之精神建构。"霸王"为项羽自称封号，而项羽的对手是汉将，建立汉代将领庙便可以防卫霸王潮。究竟这种说法是否对呢？那是没有答案的，因为语言叙事提供了丰富的解释与文化认同，也表达了文化的多元性。所以，民间口头叙事为

上海古镇文化提供了丰富的材料。

第二，我们需要通过上海地区的仪式来讲述上海古镇故事。上海有着丰富的文化遗产，其中有许多是节庆类、仪式类的文化遗产形式。如龙华庙会，既展示了上海地区的信仰历史传统，也是上海江南市镇发生的重要的民俗驱动力。庙会上展示的"龙华尖"等当地棉纺织品，既是上海发展的见证，也是明清时期，江南地区商品经济萌芽的见证。上海是龙文化的重要故乡，三林的舞龙生动体现了上海古镇的文化底蕴。至于叶榭镇的草龙有韩湘子吹箫引龙的仪式，这都凸显出上海古镇龙文化不一样的文化内涵。所以，讲述古镇的民俗仪式是我们打开古镇历史之门的一把钥匙。

第三，通过景观和物象图像讲述上海古镇故事。没有景观就没有古镇，除了讲述已经消逝的部分上海古镇，大部分重要的古镇都是既存的物质存在，有江河堤坝、建筑楼阁、桥梁道路、市场商埠、寺庙塔院等，更有雕塑、碑版、壁画、匾额楹联等。古镇的世界是一个物质的世界，所以，我们需要通过对物质世界进行考察，来讲述上海古镇的故事。

上海古镇，丰富多彩，让我们一起来浏览大都市古镇故事的种种精彩吧。

南翔寺双塔

# 上海古镇，有多古？

# 上海最早的"古镇"在哪里？

　　"100年看上海，1000年看北京，3000年看西安。"不知从何时起，这句对中国历史文化的通俗表达语汇开始流行起来，并且代表了大多数人对上海历史的看法——上海是一个见证了中国近现代历史的年轻城市。确实，上海成为大城市的历史比较短，作为当今世界重要的经济、金融、贸易、航运以及科技创新中心，在以"二十四史"为代表的古代正史记载中，似乎很难找到与上海有关的"大人物"或"大事件"；而与之相对的，自19世纪中叶被迫开埠以来，十里洋场的繁荣，文坛巨匠的聚首，中国共产党的诞生，淞沪抗战的悲壮，新中国的变革，改革开放的深化，等等，都是中国历史上浓墨重彩的篇章。所以，在很多人的心目中，似乎上海就是因殖民者的介入而从小渔村摇身一变成为国际大都市的。

　　然而真相是否真是如此呢？我们只要将历史的焦距稍稍向前调整就能发现，今天繁华热闹的徐家汇，与曾经译介了大量西方科学知识的明朝大学士徐光启息息相关；上海的锦绣文章则秉承自历史悠久的江南文脉，可以一直追溯到轰动西晋文坛的"云间二陆"(陆机、陆云)；现如今在全球范围内独占鳌头的中国纺织制造业，也得益于元朝时乌泥泾镇人黄道婆对先进棉纺织技术的推广。

　　"罗马不是一天建成的"，上海同样也不是。要介绍上海村镇的古老历史，还得从上海的历史说起。众所周知，上海位于长江三角洲的冲积平原，至于陆地何时成型，则往往语焉不详。古代的文人墨客迷信经典，著书立说时谈及这一问

题，就会联系到《尚书·禹贡》中"禹别九州，随山浚川"的说法，笼统地将上海视为大禹开辟九州中的扬州时所形成的大陆。当然，这只是神话传说，开辟出上海的不是大禹，而是大自然，是海浪与大陆之间的来回冲刷渐渐勾勒出了上海的海岸线。而最古老的上海村镇，就在大地的边沿。

## 历史勾勒的轮廓：古冈身

正所谓"世间兴废奔如电，沧海桑田几回变"，在七万多年前的地壳运动中，地底的岩浆从位于现在松江区西北部的一条东北—西南走向的断裂线中喷涌而出，又在经历过气体挥发、岩石冷却等一系列变化之后，逐步形成了长江三角洲地区最古老的地质标志——以小昆山、横云山、机山、天马山、辰山、佘山、薛山、厍公山和凤凰山为代表的一系列山峰，古称"云间九峰"。

最早的上海人是不是生活在这云间九峰上呢？不是，但可以说与之息息相关。正因为有了这一系列山峰，才能在长江三角洲上形成一个类似于喇叭口的屏障，东来的海浪拍打向这些山峰，留下了大量的沙石与贝壳，经年累月，这些沉积物越积越多，越积越高，便形成了上海最早的海岸线。六千多年前，这条海岸线彻底稳定了下来，其东侧还是尚未成陆的海疆，而西侧与内陆相连的低洼地带则渐渐有了淡水湖泊、沉积沼泽，成为一片适合人类耕作、生活的沃土。

正是在这条远古时代的海岸线的庇护下，有了第一批从别处迁居而来的居民。他们在上海定居下来，耕种养殖，沿海捕捞，最终形成了上海最早的人类村镇。而这条由贝壳与砂石堆砌而成、像山冈般略高于平地的蜿蜒海岸线，便被古人称为"古冈身"。

## 古冈身与上海的考古发现

"古冈身"这个名字对现在的上海人来说好像十分陌生,其实关于它的记载早在宋朝就有了。比如南宋绍熙年间所编撰的《云间志》就说:"古冈身在县(指华亭县,即松江城区)东七十里。凡三所,南属于海,北抵松江,长一百里,入土数尺,皆螺蚌壳,世传海中涌三浪而成。"明确古冈身就位于现在松江区的东部,最南端在海边,最北端则位于吴淞江(即苏州河)畔。又有清朝嘉庆《上海县志》曰:"古冈身有三,沙冈、竹冈在十六保,紫冈在十八保,南属于海,北抵松江,长百余里。"可知这条绵延百余里的古冈身,可以分为沙冈、竹冈、紫冈这三段。古人的记载是如此具体,那么我们现在还能看到古冈身吗?

那可没那么容易。因为之后的六千多年里,上海的地形地貌还处在不断变化之中。作为长江的入海口,越来越多的泥沙、介壳在江河湖海的共同作用之下继续在古冈身的两侧堆积,不但使得古冈身东侧原本的大海渐渐形成了新的陆地,更使得原本高出地面不少的古冈身,也在不知不觉中被新的大地覆盖,深埋进了地下,就此不见踪影。

本来古冈身可能就此淹没在大地的尘埃之下了,幸而自20世纪50年代起,上海地区不断有地下遗址被发现,后经考古研究可以确定:自常熟福山起,经太仓、嘉定方泰、上海马桥、奉贤新寺,直至金山漕泾一线的地下,有数条西北—东南走向的远古沙堤,宽4至10公里不等,总长约130公里,那便是古籍中所提到的"古冈身"。例如位于今金山区漕泾镇东北的沙积村,其村名是沙冈地名演化而成的,沙积之名正暗示此处曾是古代沙脊的遗存;村中有一李姓人家世代于最高处建房,名曰"高宅基",其实这就是古冈身的遗迹,属于三条古冈身中的沙冈,根据碳14的检测,成陆距今已有约6 400年。又如1959年在今闵行区马桥镇发现的马桥

冈身遗址

遗址，其中就包括古冈身中竹冈的遗迹，经碳14检测，距今约六千年。可以说，文献中的"古冈身"，终于因为新中国的考古发现而重见天日了。

## 古冈身所区分的时空

古冈身是上海一道天然的保护堤，护佑着上海最早的文明，也在潜移默化中成为上海历史发展的一条"分水岭"。

在古冈身所经过的青浦、松江、闵行、金山等地，先后发现了崧泽、马桥、亭林、福泉山、广富林等多处历史悠久的古代文化遗址。特别是在历史最悠久的金山冈身（即拥有 6 400 多年历史的沙冈）区域，就有招贤浜、亭林、查山、南阳港、戚家墩等古文化遗址。这些古文化遗址，最早可以追溯到新石器时代的马家浜文化，之后还有崧泽文化、良渚文化、商、周、春秋战国、秦、汉乃至魏晋南北朝的生活遗迹。可以说，古冈身见证了上海最初的文明。

但值得注意的是，这些南北朝以前的文化遗迹都分布于古冈身的西侧，而冈身以东的上海地区，除了今天莘庄附近有一处南朝墓葬外，其余发掘到的遗址和墓葬，都是唐代和唐代以后的。随着宋、元、明三朝海塘遗址的发掘，我们可以得知，北宋时期，现今上海的整个区域都已基本形成陆地，但古冈身所区分的并不只是上海地理的西部与东部，更是上海历史的"上古"与"中古"。古冈身的西侧是一座尘封的历史宝库，分布着承载最初记忆的宝库；而古冈身的东侧则是成长为国际大都市的根基，见证着上海一步步因商业贸易而走向繁荣。

由此一来，古冈身也可以被视为上海地区方物传说的试金石。比如，古称"黄歇浦"或"春申江"的黄浦江下游，虽然传说属于战国时期楚国春申君黄歇的封地，甚至是黄歇本人所开凿的，但根据考古发现所得，至少现在我们所熟悉的"十里洋场"，特别是外滩区域，在战国时代还是一片汪洋。

广富林文化遗址公园

# 上海最早的古镇是崧泽吗?

在上海市青浦区的赵巷镇,有一个名为"崧泽"的村子。今时今日,它既不是交通枢纽,更不是科创中心,但对上海来说却意义重大。因为如果将"镇"理解为广义的村镇、集镇的话,那么这个"崧泽村",可能就是上海最早的古镇萌芽了。

## 崧泽的悠久历史

崧泽村本来就是历史非常悠久的村落,"崧泽"之名的由来,据说可以追溯到东晋时期。据说东晋隆安三年(399),五斗米道领袖孙恩率众起义,攻打上虞、会稽一带,当时的吴国内史(即郡守)袁崧(又作袁山松)在青浦县境的青龙江海口修垒驻守,领兵抵御。这就是沪渎垒,上海的标志性的名称"沪"的来源。据说"沪"是一种捕鱼工具。今天,"沪"是上海的简称。而根据"镇"的最初定义——军镇,沪渎垒乃是最具代表性的上海古镇的源头,距今1 600年。

隆安五年(401),孙恩于青浦成功登陆,袁崧不幸战败而死。后来这一带的居民为了纪念袁崧守土护民的壮举,便把袁崧曾经驻守的这片土地与他的名字联系了起来。根据传说,袁崧战死时被敌人砍下头颅,在孙恩之乱平定后,他的尸体被寻回,但脑袋却不见了,于是皇帝便专门派人打造了一个金头,与袁崧的尸身一起埋葬在附近村落的假山坟中,而袁崧的后人据说也就此在这片土地定居,为了纪念袁崧,便将这个村子改名作"崧泽"。

从地理形势上看就不难发现，崧泽位于古冈身西侧，是吴淞江附近古沼泽地中的一块高爽之地。在濒临大海、湖泊众多的古青浦，虽然湿地广袤、土地肥沃，但为了防范水患，远古先民就必须选择这样的高地建筑房屋、聚族而居。1960年，崧泽村民在此开挖鱼塘、建造水产养殖场，从田地中挖出了春秋战国时期的鹿角、陶器等物品，由此掀开了这片土地上尘封已久的古老历史。所以，上海古镇的起源就不是1 600年的事了，似乎要往前推四千多年。

1961年，在崧泽遗址下层墓葬的发掘过程中，第一次在上海地区发现了距今六千多年的马家浜文化遗址（马家浜文化因率先于浙江嘉兴的马家浜发现而得名，属于长江下游地区典型的新石器时代文化，相当于中原地区的仰韶文化），用实物证明了青浦这片土地的悠久历史，以及与太湖流域众多文明遗迹的文化关联。之后经过多次有计划的挖掘，在崧泽村发现了一百余座古代墓葬，沉睡地下数千年的石器、玉器、骨器、陶器等数千件珍贵文物重见天日。在这一系列发现中，诞生了多个上海第一、中国之最。

## 崧泽与"上海第一"

就考古学而言，"先有崧泽村，后有上海城"这句话是十分贴切的。城市的发展壮大，往往都经历了由村落到集镇再到城市的过程，而迄今为止上海最早的居民生活遗迹，就在今天的崧泽村。

2004年，上海博物馆考古研究部在对崧泽遗址马家浜文化墓葬进行发掘的过程中清理了7座墓穴，并于其中唯一的一座俯身葬墓中发现一头盖骨。经鉴定，此头盖骨属于一25至30岁的男性，距今已有六千多年的历史，可以说这就是现在我们所能发现的最早生活在上海的"上海第一人"。

在对崧泽遗址的考古发掘中，还发现了一处马家浜文化时期的房屋基址，可称为"上海第一房"。由此我们可以知道，六千多年前的上海人已经不再是传说中风餐露宿、穴居野处的原始人了。根据考古学家的清理与还原，这座"上海第一房"是坐落于土坡上的圆形地面式建筑，由15根立柱支撑墙面，屋内有两根立柱支撑屋顶，西北方向开有一宽约1米的大门，门外另有一立柱支撑门廊，整间房屋的形态应该是类似于谷仓的直壁圆锥顶建筑。上海最早的一批居民，就是在一座座这样的房屋内生活、繁衍，逐渐形成上海最早的村镇的。

在崧泽的马家浜文化遗迹中，还发现了"上海第一井"，说明当时这片低洼之地虽然饱受海水倒灌、水源苦咸的困扰，但先民已经能够有效利用水井打取生活用水，凭借纯熟的凿井技术摆脱对河流与湖泊的依赖。另外，崧泽的发现物还包括被称为"上海第一谷"的稻谷颗粒，证明这里的先民在距今6 000年左右已掌握了水稻种植技术，而中国更是世界上最早栽培水稻的国家；崧泽出土的猪形陶塑也已具备家猪的种种特征，说明6 000年前的上海人已经开始了对猪的驯化和饲养。

凡此种种，崧泽地区马家浜文化遗址的各种文物无不证明，在这片土地上曾经坐落着上海最古老的村落，崧泽就是上海古镇的源头。

## 崧泽的多彩生活

崧泽的历史可以一直追溯到马家浜文化时期，而真正让崧泽闻名全国的，则是稍晚一些的"崧泽文化"。考古学家在对崧泽遗址的考察过程中发现，崧泽遗址的文化遗留物共分三层，除了最上层春秋战国时期的青铜器和最下层马家浜文化的遗迹，还有处于中层的距今4900—5800年的新石器时代的古文化遗留

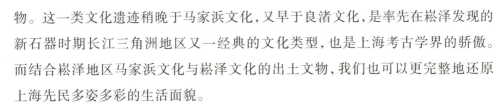
物。这一类文化遗迹稍晚于马家浜文化，又早于良渚文化，是率先在崧泽发现的新石器时期长江三角洲地区又一经典的文化类型，也是上海考古学界的骄傲。而结合崧泽地区马家浜文化与崧泽文化的出土文物，我们也可以更完整地还原上海先民多姿多彩的生活面貌。

民以食为天，新石器时代的上海人在饮食上已经颇为讲究。崧泽不仅出土了上海最古老的炭化稻谷，而且还出土了距今五千多年的崧泽文化时期的陶甑。崧泽的陶甑是一种圆筒状的陶器，古人用竹木制成箅子嵌在甑底，再将甑套入盛有水的三足鼎，就可以形成一个用于"蒸"食物的复合炊具甗。当时的上海人就是用它来蒸出香喷喷的米饭，蒸出鲜嫩嫩的鱼和肉的。

崧泽遗址出土的陶甗（崧泽文化）

崧泽遗址出土的陶猪（马家浜文化）

崧泽遗址出土的鸡心形玉玲（崧泽文化）

崧泽遗址出土的猪首形陶匜（崧泽文化）

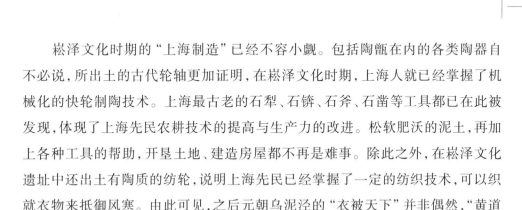
崧泽文化时期的"上海制造"已经不容小觑。包括陶甗在内的各类陶器自不必说，所出土的古代轮轴更加证明，在崧泽文化时期，上海人就已经掌握了机械化的快轮制陶技术。上海最古老的石犁、石锛、石斧、石凿等工具都已在此被发现，体现了上海先民农耕技术的提高与生产力的改进。松软肥沃的泥土，再加上各种工具的帮助，开垦土地、建造房屋都不再是难事。除此之外，在崧泽文化遗址中还出土有陶质的纺轮，说明上海先民已经掌握了一定的纺织技术，可以织就衣物来抵御风寒。由此可见，之后元朝乌泥泾的"衣被天下"并非偶然，"黄道婆"的前辈们就在崧泽。

崧泽人民的文化生活同样别开生面。遗址中所发现的塔形壶、鹰头壶、鸟形三足盉、六足陶龟、兽面钟形壶等陶器体现了上海先民的图腾信仰与审美趣味。而出土的各类玉玦、玉坠、玉簪、玉管、玉璜等玉器，即便不如良渚文化玉器种类繁多、数量巨大，但也反映了上海人对玉石最初的欣赏与崇拜。对先人及神灵的祭祀也是崧泽文化重要的一环：崧泽出土的玉琀就是中国最早用琀的例子之一，这放入死者口中的含玉，象征着对灵魂的凝聚；还有马家浜文化时期人工堆筑的祭坛，别看它只是一个稍稍高出地面的土台，根据残留的灰烬我们也可以得知，上海人民大概六千年前就已经开始燎祭天地与先祖。

崧泽显然有了丰富的公共生活，也有了交易行为，是上海地区最早的古镇雏形。

# 上海有多少史前"古镇"?

　　上海地区的考古发现不断向我们证明,上海有着悠久的历史,有着多个先民聚居生活的遗迹。青浦区的崧泽、福泉山,松江区的广富林、汤庙村,金山区的查山、亭林,闵行区的马桥,奉贤区的柘林等数十个古文化遗址,以及五百余座古代墓穴先后得到发掘和整理,上海古老的历史不但被追溯到了六千多年前的马家浜文化,而且还可以按照时间顺序排列出从马家浜文化、崧泽文化到良渚文化、马桥文化,再到西周、春秋战国、两汉、南北朝,乃至唐、宋、元、明、清的完整历史顺序。其中不乏具有特殊考古价值与文化意义的重大发现,可以为我们了解上海古镇的"原始"形态提供巨大的帮助。

　　比如,距离崧泽不远,位于青浦区重固镇的福泉山,就可以称得上是见证上海历史发展的一处"古镇"遗址。清代光绪《青浦县志》曰:"福泉山在干山北,

福泉山遗址出土的彩绘有肩石斧

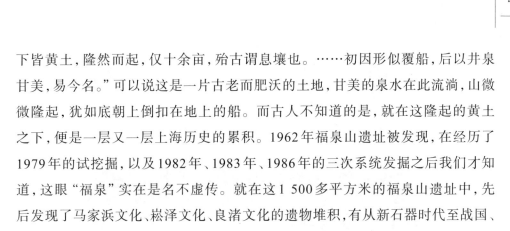

下皆黄土，隆然而起，仅十余亩，殆古谓息壤也。……初因形似覆船，后以井泉甘美，易今名。"可以说这是一片古老而肥沃的土地，甘美的泉水在此流淌，山微微隆起，犹如底朝上倒扣在地上的船。而古人不知道的是，就在这隆起的黄土之下，便是一层又一层上海历史的累积。1962年福泉山遗址被发现，在经历了1979年的试挖掘，以及1982年、1983年、1986年的三次系统发掘之后我们才知道，这眼"福泉"实在是名不虚传。就在这1 500多平方米的福泉山遗址中，先后发现了马家浜文化、崧泽文化、良渚文化的遗物堆积，有从新石器时代至战国、汉、唐、宋各时代的墓葬76座、遗物一千余件。徘徊于此，便能想象得到，上海居民六千多年来一直在此繁衍生息，绵延不绝，存续至今。所以说，这"福泉"就是上海历史文化的见证者，代表了上海古镇的悠久历史与旺盛的生命力。

又如位于松江区方松街道的广富林遗址，可以称得上是在古今文化融合创新后历久弥新的一座"古镇"。当地村民于1958年试图挖土开河时发现了广富林遗址，1961年进行了第一次挖掘。1999—2008年，上海博物馆又组织进行了多次发掘，不但发现了良渚文化时期以及春秋战国、汉代的多处墓葬，还发现了一批晚于崧泽文化、早于马桥文化的墓穴器物，时间接近良渚文化晚期，却又有与良渚文化不同的造型特征，呈现出一定的北方移民文化痕迹，后考古专家将这一有别于崧泽文化与良渚文化的文化遗迹定名为"广富林文化"。特别是在2008年的考古发掘中，不但发现了8座广富林文化墓葬，还出土有大量木桩（即建筑遗迹）、稻壳稻米、鹿角猪骨以及各类陶器。可知此处有着历史悠久的生活聚落，并有一定规模的农牧业发展。2013年，广富林遗址被列为第七批全国重点文物保护单位。2017年，在遗址基础上营建的广富林文化遗址公园正式对外开放，以新颖别致的水下文化展示馆为中心，总占地约850亩，包含富林塔、陈子龙纪念馆、知也禅寺、朵云书院、三元宫、古陶艺术馆等各类展馆。这座历史悠久

广富林遗址

广富林文化遗址公园内模拟的遗址发掘现场

的文化遗址重获新生，犹如一座重新崛起的"江南古镇"，成为上海又一"网红"打卡胜地。

除了崧泽文化、广富林文化，另有一处以上海地名命名的考古文化——马桥文化。马桥文化遗址于1960年在闵行区马桥镇被发现，共五层，叠压在第四层的陶器与青铜器属于马桥文化遗存，上层为西周印纹陶遗存，下层为良渚文化层，时间相当于夏、商朝。马桥文化是目前长江三角洲地区已经发现的最早的青铜时代文化，由良渚文化发展而来，所分布的地域范围也与其大概一致，但却受到了多种文化的影响。如马桥遗址中出土的刀、凿、镞等青铜器，以及瓿、觯、尊、豆等陶器，既与河南二里头文化、山东岳石文化有着密切的联系，又明显带有南方印纹陶传统的痕迹。有趣的是，其中基本看不到良渚文化中典型的精美玉器或者图案精细的陶器和象牙器，反而有较多的泥质黑衣灰陶，制法多用轮制，显得较为质朴粗陋。据考古学家研究，这种器物上的返璞归真，可能是因为夏商时期气候转暖，长三角沿岸海岸线上升，耕地减少，沿岸有大量居民流离失所，被迫内迁，只得在与中原文化的互融互通中摸着石头过河。可以说，马桥文化遗址记录了上海先民在艰难困苦中的不懈奋斗，记录了上海先民与中原文明的交流联系，它又代表着另一种具有特殊历史意义的上海"古镇"。

这些考古遗址还不是今天意义上的古镇，但是没有这些历史的见证，我们就小看了上海的历史厚度，也小看了上海古镇的深厚积淀。上海地区的古老聚落，是上海古镇真正的"祖先"。

# 古代文献与上海古镇

在关于上海的古代文献中,比沪渎垒更早、更出名的地方,当数"华亭"。明朝正德七年所编《松江府志》曰:"松江古扬州之域。春秋为吴地,吴子寿梦,始筑华亭,盖停留宿会之所也。"春秋时期吴国的国君寿梦路经今天上海所在的这片区域时,专门盖了一个华丽的亭子以供休憩、停留。寿梦离开之后,"华亭"作为此地的标志性建筑物被保留了下来,后人便将此地命名为"华亭"。今天看来,《春秋左传》《吴越春秋》等史料中并无寿梦筑华亭的记载,此说传说的成分较大,但华亭地区乡镇的形成肯定不晚于汉代。根据《三国志·吴书·陆逊传》的记载,陆逊献计助吴国擒杀关羽、占据荆州之后,吴王孙权为嘉奖陆逊,封其"华亭侯"的爵位,而陆逊"华亭侯"的爵名取自陆逊一族所居住的"华亭"。按照秦汉两朝的制度——"大率十里一亭,亭有长",亭是最基本的行政单位,亭长是最基层的行政长官,十个亭构成一个"乡",大概十个乡才构成"县",华亭应该就是汉末以来陆氏一族所在的亭。后来三国归晋,陆逊之孙陆机离开华亭,入洛为官。西晋太安二年(303),陆机代理后将军、河北大都督,率军讨伐长沙王司马乂,后死于军中,临终前不禁怀念故土,留下"华亭鹤唳,岂可复闻乎"(《晋书·陆机传》)的感叹。华亭陆氏虽然在西晋后便不复往日荣光,但后世文人无不仰慕陆机、陆云的才名,同时感慨陆氏兄弟的遭遇,创作了大量关于"华亭""云间"的作品,使得上海古镇融入了文学的典故,比如北朝诗人庾信的《思旧铭》中便有"鸣琴在操,终念华亭之鹤,重为此别,呜呼甚哉"的感慨;又如北宋诗人梅询的《华亭道中》一诗也有"晴云唳鹤几千里,隔水野梅三四株"的

描写。

　　而上海地区最早的地方志，可以追溯至南宋绍熙四年（1193）所编之《绍熙云间志》。

　　《绍熙云间志》顺应唐宋以来中国王朝地理学的发展，对封域、道里、镇戍、乡里等地理概要，对版籍、物产、仓库、赋税等经济要素，以及对人物、古迹、寺观、祠庙、墓志、诗赋等历史文化都有分门别类的叙述，展示了古代地方志系统化的架构设置与具体化的信息梳理，为后人了解上海古镇的历史与上海古镇被记录的历史，提供了非常珍贵的历史材料。特别是其中对古冈身的描写，对上海地区历史沿革的叙述，还有对宋代镇戍的介绍，都充分体现了上海古镇之"古"。比如根据《绍熙云间志》上卷"镇戍"篇的介绍，华亭是南宋时期重要的边防要地，对整个吴越地区而言有着重要的军事意义："华亭襟带江海上而吴晋近，而吴越尝筑城垒置防戍所，以控守海道者至矣。今沿海镇寨倍于他邑，是亦捍置上流之意云。"由此可见，华亭也有沪渎垒那样的军镇的味道。

　　青龙镇起初也是军事重镇（据说是三国时期孙权营造青龙战舰的地方），但在南宋已经发展为推动海上贸易的重要经济港口："青龙镇去县五十四里，居松江之阴，海商辐辏之所，镇之得名莫详所自，惟朱伯原《续吴郡图经》云：'昔孙权造青龙战舰置之此地，因以名之。'……管界水陆巡检司在青龙镇中。"此外，在《绍熙云间志》上卷"乡里"篇的介绍中，我们也能看到华亭、朱泾、枫泾、三林等为人所熟知的上海古镇名。《绍熙云间志》忠实记录了这些古镇的历史沿革。

　　在《绍熙云间志》之后，上海地方志的修撰在明清两朝不断得到发展。在明朝，上海本地的文人学者唐锦（编撰了《弘治上海志》）、顾清（编撰了《正德松江府志》）、陈继儒（编撰了《崇祯松江府志》）都以饱满的热情投入到了为家乡编修地方志的工作中。而清朝先后在康熙、嘉庆、光绪年间对《松江府志》进行

了新的补充和修订，特别是《嘉庆松江府志》，洋洋洒洒约180万字，记录了详细殷实的资料和丰富多样的内容。这些古代的地方志文献使我们领略了上海的古老历史，也让我们看到了上海古镇在明清时期的新发展。比如通过比较《弘治上海志》与《绍熙云间志》可以发现，南宋的"镇戍"已经逐渐转变为明朝的"镇市"，明代上海的古镇正进一步向经济繁荣、人口密集的方向发展——汇集吴人的吴会镇、税课局所在的乌泥泾镇、曾为盐场的下砂（鹤沙）镇、作为新兴盐场的新场镇、因盐场巡检司而繁荣的周浦镇、因新开河渠而闻名的盘龙（新泾）镇、汇聚闽越乃至岛夷商人的青龙镇、因贩卖竹木的唐姓富商而得名的唐行镇、商贾鳞集且重视儒学的三林塘镇、盐农及盐商最多的八团镇。《弘治上海志》对这些因商贸、盐业而发展起来的镇市的记录，成为明清时期上海发展的重要印记。

更值得注意的是，明清时期上海乡镇的经济发展与文化繁荣相辅相成，诞生了一批以"古镇"的历史文化、风土人情为描写对象的地方志。如明崇祯年间编纂的《外冈志》、清乾隆三十七年刊行的《真如里志》、清嘉庆九年编纂的《朱泾志》、清嘉庆十年刊行的《娄塘镇志》、清嘉庆十一年刊行的《南翔镇志》、清嘉庆十三年刊行的《安亭志》、清嘉庆二十年刊行的《马陆里志》、清道光二十一年编撰的《七宝镇小志》、清咸丰三年刊行的《黄渡镇志》、清光绪十七年刊行的《重辑枫泾小志》等，都是上海古代乡镇方志的代表性作品，可以与当代上海的各大古镇一一对应。虽然这些乡镇志多为地方文人在不同时期的作品，但体例大多沿袭明清官修地方志的体例，对各乡镇的沿革、里域、古迹、水利、桥梁、亭堠、铺舍、街巷、寺观、冢墓、祠堂、掌故等内容分门别类地进行了介绍。其中还有像《南翔镇志》中的南翔镇图、三槎水利图、云翔寺图，以及《黄渡镇志》中的黄渡境全图、黄渡镇图、吴淞北境水利图、吴淞南境水利图，不但反映出古代文人对地理、水利的重视，更体现了清代中国地图版画的发展。

# 上海古镇，如何起家？

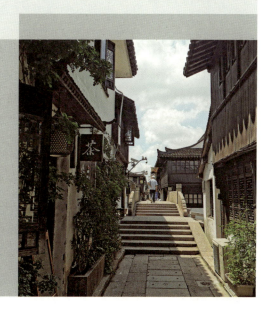

# 农耕底色

我们还是从"标准"的古镇说起。

上海市镇初兴于唐宋,勃兴于明,继兴于清,繁荣于乾嘉年间,民国后逐渐衰落。千百年来沿袭着粉墙瓦黛、小桥流水、曲巷幽弄等诸多天人合一的人居风貌与建筑格式,给人以无尽的怀古之思,抒发着人们的美丽乡愁,拨动游子的思绪离愁。

在漫长的岁月中,上海各古镇走向了不同的发展轨迹,各具特色。

## 召稼楼古镇

召稼楼古镇,名气没有上海的其他古镇那么大,或许不少人都不知道它在哪里,更遑论去那里看一看。可是这个位于闵行区浦江镇革新村内的古镇,这个现在不算起眼的古镇,却是上海最早垦荒种地的地区,是上海农耕文化的起源地。

吴越时期,朝廷就在太湖流域建立了一套"五里七里一纵浦,七里十里一横塘"的农业圩田系统。太湖东部最早的农业开发形式是从沼泽中围出大圩。五代时期,在吴越政权的人为干预下,大圩与圩间的河道形成浦塘圩田体系。从今天召稼楼的河畔建设以及整体平面呈规则的"丁"字形来判断,这里的河浜体系显然是建立在人工基础上的。同上海的很多古镇一样,圩田应该很早成为召稼楼扩展耕地的主要方式。

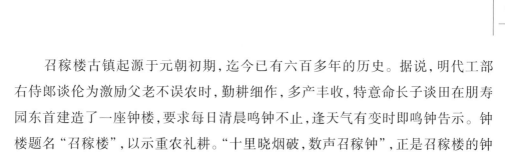

　　召稼楼古镇起源于元朝初期，迄今已有六百多年的历史。据说，明代工部右侍郎谈伦为激励父老不误农时，勤耕细作，多产丰收，特意命长子谈田在朋寿园东首建造了一座钟楼，要求每日清晨鸣钟不止，逢天气有变时即鸣钟告示。钟楼题名"召稼楼"，以示重农礼耕。"十里晓烟破，数声召稼钟"，正是召稼楼的钟声唤醒了浦东大地，这一带就此人勤田丰，赢得四乡好评，因此人们将这里呼作"召稼楼"。从这个意义上讲，召稼楼是因楼得名的古镇。

　　召稼楼的兴衰繁荣，与明清时期的谈、沈、奚三大家族有着密切的关系。其实，这三大家族具有宗族关系，谈氏、沈氏两大家族先兴起，奚氏是后来居上。奚氏于明代迁居召稼楼地区，老一辈人置地建房，子孙按照传统的模式生活：一部分青年人外出经商，一部分人留家耕种、赡养老人。经过四百余年的人力、财力聚集，奚氏逐渐成为召稼楼镇的主导势力之一，位列"浦左首富"。清光绪《南汇县志》描述为："奚氏列第相望，书香不断，称望族焉。"在18世纪中叶到清末的160年中，奚家新宅由北向南连绵三四里路，成了召稼楼第一大户。今天，古镇所有的桥名和主要大宅都是奚氏各个支系居住的"堂"名，如礼耕堂、绿野堂、纯佑堂、资训堂、宁俭堂、崇本堂、瑞凝堂、凯寿堂、人瑞堂，以及在乡下的始迁祖置地建房的老奚家宅集古堂、厚余堂、务本堂、济美堂等。

# 水陆商埠

上海的古镇大都与江南的河流相关,因为河流形成码头,成为水陆中转之地。人群因之集聚,遂为市镇。

## 泗泾古镇

很多人鸣不平,说在上海的诸多古镇中,还有一个被称为"上海之根"的千年古镇却很少被人提及,默默无闻得让人心疼。论风景,它有着江南水乡的古朴和温婉,小桥、流水、人家、古寺、古塔、老街、牌楼、故居,应有尽有,关键是还有山,有山有水;论名气,它曾被评为"全国小城镇建设示范镇"和"国家级生态乡镇"。这个古镇就是泗泾古镇。

泗泾古镇建置历史较早,但变动较大,直到北宋(960—1127)时期,农民、渔夫以有鱼蟹稻麦之饶,取外波、通波、洞泾、张泾等四水之利,傍顾会浦(即今通波塘)筑屋定居,形成村落,名"会波村",才为泗泾镇之开端。南宋(1127—1279)时期,因地理条件的变化,从华亭县城通往上海镇的主要水道由原来的通波塘变为洞泾港,会波村逐步东移,形成新的村落,名"七间村"。元代中叶,随着经济的发展,在七间村的基础上,逐渐发展成为四通八达的小集镇,因通波泾、外波泾、洞泾、张泾等四泾之水汇集于此,故取镇名为"泗泾",即四泾会波之意,这是泗泾名的开端。

此时,泗泾开始吸引文人墨客前来居住。元末的陶宗仪(约1348年前后)

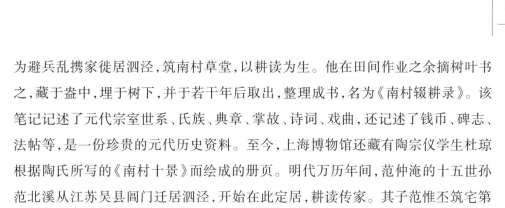

为避兵乱携家徙居泗泾，筑南村草堂，以耕读为生。他在田间作业之余摘树叶书之，藏于盎中，埋于树下，并于若干年后取出，整理成书，名为《南村辍耕录》。该笔记记述了元代宗室世系、氏族、典章、掌故、诗词、戏曲，还记述了钱币、碑志、法帖等，是一份珍贵的元代历史资料。至今，上海博物馆还藏有陶宗仪学生杜琼根据陶氏所写的《南村十景》而绘成的册页。明代万历年间，范仲淹的十五世孙范北溪从江苏吴县阊门迁居泗泾，开始在此定居，耕读传家。其子范惟丕筑宅第于此，其孙范允临后来高中进士，世人始称此地为"范园"。后来范家又迁居苏州天平山，但墨池、桧柏以及范允临手书的楹联"洗砚鱼吞墨，烹茶鹤避烟"至今还在园中。

许多人都知道复旦大学的创始人、第一任校长是马相伯，却不一定知道马相伯是泗泾镇人。现在，泗泾镇保存的历史名人故居，较为完整的有两处：一处是马相伯故居，另一处是史量才故居。马相伯故居是他家祖传的住宅，现有房屋三进，据说临街的两层小楼是新建的。第二进是原来的茶厅，里面有马相伯的生平介绍，还保留有1939年11月10日重庆《新华日报》发表的《毛泽东、朱德、彭德怀电唁马相伯家属》的全文。第三进是正厅，梁架上架有"生德堂"匾额，这是马相伯于1905年创建复旦大学时，当地书法家张秉毅为之所题，意在以道德和知识使"生民"获得良好的教养为大德，这是对马相伯崇尚教育事业的颂赞，也是对后人的期望。史量才祖籍江宁县，7岁时随父亲到泗泾，光绪二十五年（1899）中秀才，后来涉足新闻界，成为著名的社会活动家。他的故居原是清代建筑，1924年，他将祖居翻建为中西合璧的走马楼，整个布局清丽雅致，富有书卷气。现在厅内陈列了史量才的生平事迹以及名人题词等，展示了他爱国的"国格、报格和人格"。故居已被列为松江区青少年爱国主义教育基地。

泗泾虽是千年古镇，但是所剩的古迹已不多，主要是日本侵略轰炸所致。在张泾河畔新建的仿古商业街之北端，有一条名为北张泾的老街，有一水运码头，远看如同城关水门，颇有气派，时刻提醒人们当年这里也是商贾往来的一个水陆码头。

## 嘉定古镇

嘉定古镇与松江古镇、南翔古镇、朱家角古镇被列为上海市首批四座历史文化名镇（1991年），可见其历史之悠久、底蕴之深厚。

嘉定镇古称"练祁市"，因练祁河而得名。练祁河，其名取"流水澄清如练"之意，曾有练圻、练川、练渠、祁江等多种称谓，可见这条河过去水质有多好。它西起顾浦，纳入吴淞江水，向东贯穿吴塘，再东经盐铁河（盐铁塘），流经外冈，穿过城中的横沥河，东流宝山罗店镇，再东合马路塘、月浦，最后从古老的采淘港入海，全长36公里，嘉定境内长20.6公里。练祁河作为嘉定的母亲河，历代诗人都为其写下了脍炙人口的诗句。宋代吴惟信在《泊舟练祁》中写道："片帆屡卷暂停船，东望微茫接巨川。几簇人家烟水外，数声渔唱夕阳边。雁知黍熟呼群下，鸥为晴沙傍母眠。银鲙丝莼今正美，且拼一醉曲江天。"诗中所描绘的江南美景正是练祁风光。如今，嘉定古城区形态近似圆形，处于江南水网密集地区，以古城墙与护城河为边界，东西南北大街十字相交，四面设置城门，城内河道纵横，水乡风情浓郁。

光绪《嘉定县志》有载："唐末，镇海军节度使周宝遣将戍海上。时东南盗起，王敖等据昆山练祁滨海……"这是我们见到的最早记载"练祁"为地名的文献，但是否已成集市不得而知。南宋开禧年间（1205—1207），练祁市乃县治中

上海古镇，如何起家？

心，在练祁塘、横沥两河十字交会处建起法华塔，至今仍为嘉定镇标志性建筑。照此推断，此时练祁市应已发展成为市镇或集市了，因为古代的治所中心既是行政中心、军事重镇，同时也是交通枢纽和集市贸易中心。元元贞二年（1296），嘉定县升为州，练祁市成为州治所在地。明正德元年（1506）刊行的《姑苏志》记载，当时嘉定城称为"州桥市"。明洪武二年（1369），嘉定州复为县，隶属苏州府。正德四年刊行的《练川图记》记载，全城共有17条街巷，其中南城4条，北城3条，东城3条，西城7条；除旧存的兴贤坊等9坊外，还有宣化坊等新的7坊。明万历年间，街巷增到四十条左右，城内有兴贤坊、永安坊等25坊。嘉定在明朝时就已经发展成大市镇了。

清代中叶，嘉定古镇进入繁荣期。城内州桥一带是以买卖日用品为主的商业区，刻竹店大多亦开设于此。南门外有经营土布的行庄十几家，自早到晚买卖不绝，纱场巷由此得名。东门外沿练祁河北岸也有土布市场，还有花行、木行以及商店二三十家，其中孵坊最为著名。

练祁河是嘉定古镇命脉所系。

## 枫泾古镇

枫泾古镇，有人说它是一个"来了就想安家的醉美古镇"。枫泾古镇应该能担此美誉，因为这个典型的江南水乡集镇周围水网遍布，区内河道纵横，三步两座桥，一望十条港，镇区多小圩，林木荫翳，庐舍鳞次，清流急湍，且遍植荷花，清雅秀美，几乎拥占了江南古镇的所有元素。在这里，可以远离城市的喧闹，置身于古韵水乡的景色之中，穿越在另一个时光隧道，让人流连忘返。

由于地处上海西南的金山区，跨吴越两界，枫泾古镇自古以来就是上海通

往西南各省最重要的门户,世称"吴越名镇"。早在两千多年前,枫泾古镇一带已有百姓生活于此。据考据,枫泾最早兴起于唐朝晚期,成市于宋。商业古街风貌保存最完整的北大街,宋代时就有铁、木、竹、农具和日用小商品的手工制作。有人说,宋代屯田员外郎陈舜俞隐居于此,后人慕其高风亮节,故称此地为"清风径",后简称"风径",之后又演变为"枫径"。由于是水乡,最终还是被"枫泾"替代,体现水陆码头的特点。

枫泾农民画

元朝至元十二年（1275）正式建镇，此后进入发展期。明清时期，纺织技术传入，纺纱织布盛行，枫泾古镇又发展成为江南棉纺织业重镇。史载这里"所出布匹，日以万计""前明数百家布号，皆在松江、枫泾、朱泾乐业，而染坊、踹坊、商贾悉从之"。当时枫泾镇上有土布庄两百余家，枫泾布行销全国，"衣被天下"，与浙江的南浔、王江泾以及江苏的盛泽合称为"江南四大名镇"。清朝后期，米麸业取代衰落的土布业，使枫泾工商业再度兴盛。到了近代，枫泾薄稻和枫泾猪成为远近闻名的农副业品牌。20世纪30年代起，枫泾又成为中国黄酒的重要产地。黄酒和一百多年来盛销不衰的枫泾丁蹄、桂花状元糕、天香豆腐干三大土特产一起被今人称作"枫泾四宝"。

由于文化发达，经济繁荣，枫泾又是江南少有的道教、佛教、天主教、基督教齐全的古镇。早在南朝梁天监元年（502），枫泾南栅已建有道院。明清时，佛教盛行，街、巷、里、坊遍置寺庙，全镇共有3处寺院庙宇。清末，天主教、基督教也开始传入，成为枫泾文化资源中不可缺少的一部分。前往性觉禅寺、施王庙、郁家祠堂等人文景观，可以寻觅到枫泾镇古代南北分治，半属吴地半属越境的历史陈迹。

枫泾民风淳厚，崇尚耕读，注重教育和取仕，名人荟萃，孕育出3名状元、56名进士、125名举人、235名文化名人（其中有100名知县、3名六部大臣和2名宰相），唐代以来有历史记载的名人639人。古有唐朝宰相陆贽、明代曾跟随郑和下西洋的太医院御医陈以诚，今人著名漫画家丁聪，国画大师程十发，革命前辈袁世钊、陆龙飞等，也都是枫泾名人。名人故居为枫泾留下了珍贵的文化遗产。

作为金山农民画的集聚区，枫泾的农民画村更为古镇增添了灿烂的当代色彩。

枫泾古镇中的表演

## 朱家角古镇

江南水乡流行着这样一句话："南周庄，北周庄，不及朱家一只角。"朱家角声名远扬，获得过无数荣誉，风头能与周庄媲美，当然有它的"过人之处"。

1958年，在镇北大淀湖湖底意外地发现了大量新石器时代的遗物，后被证明是马家浜文化、崧泽文化、良渚文化和西周至春秋战国时期的文化遗存。1959年，人们又在淀山湖中捞起大量石刀、石犁、石纺轮、印纹陶片等，这些新石器时代至战国时代的遗物，证明数千年前朱家角的先民就在这里劳动、繁衍生息了。1930年，镇上出版的《骊珠报》上刊载过"镇东祥凝浜发掘出东吴大将军甘宁之墓"一事，成为古镇的谈资。

据史料记载，朱家角在宋、元时期已形成集市，初名"朱家村"。镇上的圆津禅院、慈门寺等古寺名刹均建于元代至正年间，可想而知，古镇当时已人丁集居，初具规模。贯穿全镇的漕港河水运方便，遂商业日盛，烟火千家。明万历年间正式建镇，初名"珠街阁"，又称"珠溪"。清嘉庆年间编纂的《珠里小志》，把"珠里"定为镇名，俗称"角里"。宋如林在《珠里小志》序中，曾这样描述："今珠里为青溪一隅，烟火千家，北接昆山，南连谷水，其街衢绵亘，商贩交通，水木清华，文儒辈出……过是里者，群羡让耕、让畔之风犹古，而比户弦歌不辍也，虽与高阳里、冠盖里媲美可也。"从中可领略到200年前朱家角之繁荣及人情风貌。

得天独厚的区位优势、便捷的水路交通，让朱家角自清代以后便商贾云集，往来不绝，标布业更是著称江南，也号称"衣被天下"。时有曰："鱼米庄行闹六时，南桥人避小巡司，两泾（朱泾、枫泾）不及珠街阁，看尽图经总未知。"明末清初，朱家角米业突起，带动了百业兴旺，时"长街三里，店铺千家"，老店名店

朱家角古镇的放生桥

林立，南北百货，各业齐全，乡脚遍及江浙两省百里之外，遂又有"三泾（朱泾、枫泾、泗泾）不如一角（朱家角）"之说。民国期间，米业鼎盛，所产青角薄稻在上海米市独占鳌头，远销京城海外，每逢稻谷登场，最高峰达二三万石（1 500—2 250吨）；日收油菜籽600吨，所产朱家角菜油行销百里以外。此外，近代工业、手工业、钱庄典当、金融业、碾米厂、发电厂，均开全县之首，时北大街、大新街沿街两侧的大小商号鳞次栉比，全镇坐商有千户之多，夜市闹如白昼。逢年过节，更有外地商贩前来赶集，酒肆茶楼几乎日夜营业，大商小贩走街串巷，点心小吃通宵达旦地卖。其时，粜稻谷的农船成千上万地涌来，漕港河为之阻塞。江南巨镇，实至名归。

"小桥流水天然景，原汁原味明清街"是现今朱家角的最大看点。河港纵横，九条长街沿河而伸，千栋明清建筑依水而立，三十六座石桥古风犹存。有沪上第一石拱放生桥，"长街三里，店铺千家"的北大街，集江南豪富人家建筑之大成的席氏厅堂，清代"吴中七子"王昶纪念馆，更有古色古香的"江南第一茶楼"和极具江南水乡风情的水上"游船茶馆"……石板老街、深巷幽弄、拱形石桥、咿呀小舟，无不折射出古镇朱家角的水之美、桥之古、街之奇、弄之幽，真可谓"船在水上行，人在画中游"。

# 因盐而兴

　　上海因盐而兴的古镇不少,比较有名的有新场古镇、周浦古镇、高桥古镇等。这些古镇都位于浦东地区,或许是地利优势,让这里的先民很早就以盐业为生,宋代以来纷纷建有盐场、盐仓等晒盐、贮盐之地,后来一步步发展成为远近闻名的盐镇。

## 海边盐都:新场古镇

　　新场古镇地处长江入海口冲积平原上,1 600多年前,这里还只是由大海中的礁石群形成的一个小岛,直到唐末才随着海水退去逐渐成陆。先民开始聚落于此,繁衍生息,利用海边优势发展盐业。传说在新场受恩桥石头湾沙中曾发现石笋,深不见底,因此新场过去叫"石笋滩""石笋里"。其实这只是当年护堤打下的石柱,后因水流冲刷而露出本来面目,犹如石笋一般。

　　宋代以后,江南盐业兴盛。宋建炎年间(1127—1130),两浙盐运司署迁盐场于此,因相对当时建在他处的盐场而言是新的,故称"新场"。也有人说主要是原本作为旧盐场的下沙盐场总部搬迁至"新场",即为新的盐场。新场完全是一座因盐而成、因盐而兴的江南古镇。

　　新场古镇的盐业发展到了元代进入鼎盛时期,盐产量、盐灶之多,胜过浙西诸盐场。随着盐业的不断发展,商人盐贩纷纷聚集到这里,于是新场人口急剧增加。当时镇区歌楼酒肆林立,商贾云集,其繁华程度曾一度超过上海县城,有

新场古镇老街

"新场古镇赛苏州"之誉,是当时浦东平原上的第一大镇。虽然盐场兴盛,但是盐民的生活并不轻松。对于盐民来说,他们主要的工作便是制盐。一般制盐徭役的人或户,由官府提供卤地、草荡和制盐工本,将所产食盐作为税课上缴,是当时朝廷的经济之源。

其实当时的盐民也自食其力地改良盐场土地,所以坊间至今还流传着一则"石头湾"的故事。传闻中,有陆姓和张姓两位盐民在散步中无意间发现一块地势不错的地方,但盐场所在的土地基本是盐碱地。不过两位盐民想,这块土地只要多用水浇灌、多施肥就可以农作了。于是,他们改善土地的盐碱性,种植农作物,慢慢带动了周围的一些盐民从事农业生产。

明末以后,随着海岸线的东扩,盐产量渐渐下降,盐业风光不再,加之战乱等变化,几经兴衰,新场古镇逐渐失去了昔日的繁华。岁月流逝,留给昔日盐都的只是铅华退去后的本色。今天,古镇仍然蕴藏着盐民山歌、卖盐茶舞等丰富的盐文化遗产,等待人们的挖掘和传承。新场古镇因为过去交通不便,古镇风貌保护较好,是沪上古镇中古建古街保留得最为本色的地方。

## 江边盐都:周浦古镇

周浦古镇也是一座因盐而兴的古镇,不过,它依托的不是海,而是江——黄浦江。周浦位于上海浦东新区西北部、黄浦江东岸,是航运河网的中枢,内通钦塘,外与黄浦江相接,交通极为便利。

周浦地区成陆于隋唐以前,距今逾千年。"周浦"之名见于《绍熙云间志》,当时为村,其名为"七家村""杜浦""澧溪"。宋代建盐仓,供下沙盐场贮盐,始成为关隘要地。南宋时沿海对外贸易及水上交通逐渐兴盛,设杜浦巡检司于此。

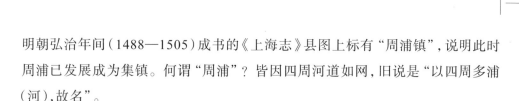

明朝弘治年间（1488—1505）成书的《上海志》县图上标有"周浦镇"，说明此时周浦已发展成为集镇。何谓"周浦"？皆因四周河道如网，旧说是"以四周多浦（河），故名"。

清代，由于居航运中枢，周浦发展成为浦东地区最大的粮棉集散地，汇聚四百余户商家，有"浦东十八镇，周浦第一镇"的美誉。清雍正四年（1726），南汇建县，设便民仓于周浦，其境域大幅扩展，成为"街道迥复，绵亘四五里，东西街夹咸塘港，南北街夹周浦塘，居民稠密"的"通邑巨镇"，自然景色与人文胜迹交相辉映，故民间有"周浦八景"之说。清末以来，随着手工业与民族工业的兴起，周浦以"三多"（河道多、古桥多、商铺多）而闻名于四乡，成为浦东传统市镇的集大成者。市镇分为东街、西街、中街（棋盘街）、南街、北街，呈矩形聚落形态，非常壮观。街坊道路皆以条石或砖块铺就，周浦塘、咸塘港、六灶港交汇于此，另有网船浜、张家浜、王家浜、陆家浜、年家浜、八灶港、盐铁塘等小浜纵横勾连。镇内曾有72座桥，其中5座环洞高桥分列于镇的东西南北四方和中央（北有聚龙桥，南有积庆桥，东有启秀万年桥，西有汇龙桥，镇中永兴桥），还有桥里庙、庙里桥、钥匙桥等。1949年以前，因市肆繁华，周浦被称为"小上海"。

现今川南路4482号的浙宁会馆，见证了周浦自清末至民国的极盛商贸。周浦虽因盐而兴，繁荣起来就不仅仅是因为盐了。

# 因寺成镇

## 南翔古镇

南翔,古名"槎溪"。关于南翔建镇,南翔民间有一个美丽的传说。在梁武帝建国的时候,南翔还只是一个荒凉的乡村。有一天,当地农民在耕地时挖到一块一丈多长的大石块,石块一露地面,就有一对丹顶鹤在石块上空盘旋,然后落到石块上歇脚。一个叫德齐的和尚认为这里是一块佛地,决定在此建造一座佛寺。说来也怪,每天白鹤飞往哪个方向,哪个方向就有人来献款,天天如此,从不间断,不久就筹集到一大笔钱,于是破土动工建造寺院,并于梁天监四年(505)建成完工。为了纪念这对白鹤,人们便把这座寺院叫作"白鹤南翔寺"。寺院香火不断,周边人口汇聚,日趋繁华,终成集市,此地也因寺成镇,取名"南翔"。

显然,这个传说把南翔镇的历史提前了许多,但是这个因寺成镇的故事,一直是江南古镇形成方式的经典案例。南翔是上海四大历史名镇之一。又因明清两代南翔兴建江南园林,共计二十多座,故在历史上有"小小南翔赛苏城"之美誉,南翔著名的古猗园就是一座沪上名园。

有资料表明,明初时,南翔的经济繁荣程度已为全县(嘉定县)各市镇之首。但是到了嘉靖年间,南翔因屡遭倭寇焚掠,损失惨重。清初,南翔人口增多,市场繁荣,花豆米麦,百货骈集,舟车纷繁,遂有"银南翔"之称。

南翔镇人杰地灵,文人云聚。明嘉定四先生之一的李流芳、清代竹刻名家吴之、当代国画大师陆俨少等风流才俊更是南翔人的骄傲。现今遗留的名胜古迹,

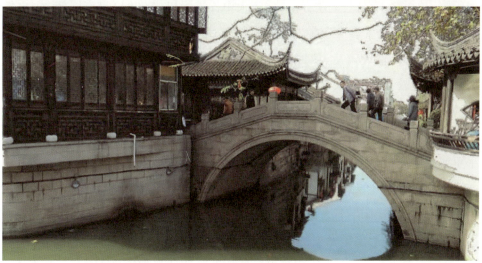

南翔古镇

有五代砖塔、千年古刹云翔寺、鹤槎山烽火墩、古猗园、天恩桥等，见证了南翔的历史沧桑。

## 七宝古镇

曾经有这样的说法："十年上海看浦东，百年上海看外滩，千年上海看七宝。"这座离上海市区最近的古镇，是"大都市里的明清街"，也是上海传统乡俗文化的一个缩影。

七宝古镇形成于北宋，有史可据已逾千年。七宝之名源于"七宝教寺"，即所谓"寺徙于镇，镇遂以名"。《松江府志》和《青浦县志》是这样记载的："七宝故庵也，初在陆宝山。吴越王赐以金字藏经曰：'此乃一宝也'，因改名七宝。后徙于镇，遂以名。"在七宝建寺后，北宋大中祥符元年（1008），皇帝赐额"七宝教寺"。当时的"七宝教寺"有"郡东第一刹"之称，占地60亩，寺河6亩，整座寺庙绿水环抱，红墙琉璃瓦，晨钟暮鼓，香烟缭绕，景色十分优美，吸引了方圆百里的人到七宝教寺进香，人气很旺。可惜这样的名胜古迹已毁于太平天国运动，现在的七宝教寺是2002年重建的。也有民间传说，七宝镇，是因古镇上有金字莲花经、神树、氽来钟、飞来佛、金鸡、玉筷、玉斧七件"宝"而得名。不过，人们似乎更愿意接受镇名源于七宝教寺之说。

我们今天说七宝是一个千年古镇，是从七宝镇得名后起始的，也就是现在的七宝镇是北宋遗存下来的千年古镇。七宝镇因寺得名后，进入了一个发展期。明清两代是七宝镇发展的鼎盛时期，工商业高度发达，尤其是棉纺织业，辉煌一时，也是"衣被天下"的主要集散地。由于地处都市繁华之地，七宝的老街文化既受都市文化的影响，也保持了浓厚的乡村文化，近代以来则受到海派文化

七宝老街

的浸润，形成多元文化共生的特点。今天，七宝古镇上众多传统的古建筑和遗迹，民居和商业街道，以及酒坊、棉纺织馆、张充仁纪念馆、蟋蟀草堂、七宝当铺、老行当、周氏微雕馆、斗姆阁、教寺等，无不向人们展示着七宝老街文化的"雅俗共赏"。

最有生活情趣的是七宝的蟋蟀草堂。玩蟋蟀，自古有之，开始为宫廷之乐，以后传于民间，一时成为风雅之士的乐事。明清以来，上海及其周边地区逐渐成为玩斗蟋蟀的重地，直到新中国成立前，老城隍庙附近还是"虫迷"们的乐园。但是若要问土虫之极品在哪里，哪里斗蟋蟀之风最盛，"虫迷"都说是七宝。

原来，七宝玩斗蟋蟀的历史也是源远流长啊！明清以来，七宝地区的赌风很盛，利用蟋蟀进行博彩活动自然成为玩客赌徒的重要选项。每年秋季来临之时，自有人捉、养、买卖、斗。良好的生长环境，使七宝蟋蟀善战勇斗、赢多输少，名声越传越远，规模也越来越大。清代道光年间，顾传金所辑的《蒲溪小志·风俗》载："俗至秋深则斗蟋蟀，冬令则把鹌鹑，藉兹挥金博彩，以争胜负。"在有关七宝蟋蟀的记载中，还有一个传说：乾隆皇帝下江南时，曾驻跸松江。南方官员星夜驰马进贡一批各地良种蟋蟀，途经七宝时马匹失蹄倒地，进贡的蟋蟀尽数逃逸，从此七宝便留下良种蟋蟀。不管这个传说真实与否，至少印证了七宝的蟋蟀的确是久负盛名，集江南各地良种蟋蟀之大成。这样的传说为七宝的蟋蟀文化贴上了一层金。

这些习俗早已超出了民间信仰的内涵，但是七宝镇身上的寺庙痕迹永远也抹不掉。

上海古镇的发生，无不与江南沿海特有的地域生态有关。江南特有的小桥流水，构成了水陆码头的基本要件。今天我们在每一个有点儿影响的上海古镇，都能够看到那里的码头的痕迹，明清时期码头上拴船的"牛鼻孔"还清晰可见。

七宝教寺

而浦东地区与盐业、海运的兴盛密切相关，通过河流向内与江南星罗棋布的市镇相联系，向外出海连接海外，成为商贾必经之地。没有江南、东海岸的特有地理环境，就没有上海的古镇，所以海韵江南是上海古镇的底色。

同时，几乎每个古镇都有不同特色的寺庙道观，因为香汛集聚人群，成为古镇人口集聚、交易发生的前提之一。因寺成镇的远不止南翔、七宝，如真如镇、龙华镇，都是以寺庙命名古镇名称的。

当水网成了上海地区的水上公路，这就为人口与货物流动带来了便利。这些市镇因人口流动形成各种市场，产生各种娱乐与文化生活，上海地区的江南市镇于是勃兴。但是，当那些小船不能满足运输需求，当内燃动力的船只成为交通主流，内河的小船时代便结束了。黄浦江大码头形成了新的都市体量，是原来的小镇望尘莫及的城市空间。于是古镇开始边缘化，默默地矗立在上海的城乡大地，静静地叙说曾经的辉煌故事。

# 古镇硬件，有多硬？

# 小桥流水人家

上海地区自古以来就是江南水乡的宠儿,水网河道纵横。上海的古镇因水而生,因水而媚,因水而形成了"小桥流水人家"的诗意风貌,具有江南文化的天然禀赋。

不少古镇就是以流经的河道来命名的,如黄道婆的故乡乌泥泾镇,乌泥泾原本就是一条河流的名称,在历史上曾是南粮北运航线的起点,后来成为上海地区漕粮转运的驳运码头。

嘉定娄塘镇因娄塘河得名,镇内还分布着横沥河、野泥泾、盛泾、海船浜、殷泾塘等河流,沿河而建的街道顺势而为,便流传着"娄塘街,条条歪"的说法。

上海的南方门户——枫泾也是河流的名称,枫泾塘、白牛塘贯穿镇内,秀州塘、华亭塘则连通了黄浦江和京杭大运河。

浦东三林镇的起源与三林塘密不可分。三林塘港是浦东众多水系中的主动脉之一,自黄浦江进入,自西向东,流经全镇长8.3公里,是三林的母亲河。三林塘之名与开拓者林乐耕有关。林乐耕为北宋仁宗年间的福建漳州人,因科举屡试不第,携妻带二子,取水道北上,溯闽江,达浙江,终至沪渎之黄浦定居。林乐耕便选择浦东河流的北岸,令其长子在上游建东庄,次子在下游建西庄,自己则居其中。此后,东庄、中庄与西庄相连接,因其姓林,三庄便合称为"三林庄",河流也就命名为"三林塘"。三林境内的水道和浦东区域内水道组成紧密的生命线和水网脉络,能"一潮通百港",孕育了三林独特的地方文化。

朱家角从江南水乡发展为上海的"东方水都",离不开周遭星罗棋布的天然

南翔的水和桥

水网。其西面便是人称"上海西湖"的淀山湖,黄金水道漕江河穿镇而过。镇内河江纵横,如漕港河、淀浦河、新塘港、南大港、淀山港、斜沥港等,还有跃进河、朱泖河、朱昆河、朝阳河等人工河,九条长街沿河而筑,历来是商贾云集的水陆码头。

上海的"西大门"金泽古镇历史悠久,古称"白苎里",始建于唐宋年间,至今已有1300多年的历史,有"兴于宋,盛于元"之说。相传昔日有"稿人获泽如金",也因此地为水乡泽国,鱼米赛金,故得"金泽"之名。有一条南北流向的市河贯穿古镇核心区,并有多条支流汇集而来。境内湖塘星罗棋布,河港纵横交叉,是个典型的江南鱼米之乡。

水是古镇的灵气,桥是诗意的象征,一座座独具匠心的小桥是古镇醉人的风景,也迎来送往着古往今来看风景的旅人。在新场,有"九环龙"的说法。"环龙"即石拱桥,"九环龙"分别指白虎庙桥、千秋桥、洪福桥、衙前桥(众安桥)、永宁桥、义和桥、杨辉桥、众安桥、玉皇阁桥,其中建于清康熙年间的千秋桥保存得最好。另有青龙桥、城隍庙桥、万福桥、东仓桥、杨辉桥、盛家桥、福安桥镶嵌其中。建于明正统年间的包家桥原名"受恩桥",由出生在新场的御医沈文正筹建。皇上念及沈文正在任御医时高明的医术,在通桥之日,下圣旨赏赐银两。沈文正及乡邻纷纷跪地谢恩,异口同声称此桥为"受恩桥"。

朱家角的放生桥横跨于镇首漕港河上,长如带,形如虹,为朱家角十景之一的"井带长虹"。该桥有五孔石拱,全长70.8米,是上海地区最长、最大、最高的五孔石拱桥,称为"沪上第一桥"。该桥由慈门寺僧性潮积15年化缘募集之功,于明隆庆五年(1571)建成。事后,性潮和尚将桥下方里许为慈门寺僧放生之地,农历初一为放生日期,故称此桥为"放生桥"。如今,朱家角放生桥也是地方特色非物质文化遗产泥河滩"摇快船"的传承保护点。

新场包家桥

朱家角城隍庙桥

古镇硬件，有多硬？

65

　　七宝在历史上"左为横沥溪，前临蒲汇塘"，是水网的一个枢纽，有石桥二十余座，为"商贾必由之地"。蒲汇塘桥建于明正德十三年（1518），为三孔石拱桥，由七宝里人徐寿、张勋集资修建，因跨蒲汇塘而得名。清同治三年（1864）重修，镌刻桥名等文字。

　　三林港上的桥多为元明清时所建，从西首至黄浦处有第一桥、楼下桥、孙家木桥、拔樯桥、西庙桥、东庙桥、天打桥、孙家桥，形态万千，有平铺形、拱形、"介"字形、两岸座墩形等，名气最响的是梧桐桥（古称"庆安桥"），为清西林八景之一。1949年5月三林解放前夕，国民党军队为阻止人民解放军的追击，拆毁了三林港上所有的桥梁。三林解放后，人民政府修复了部分桥梁。2009年，三林镇政府在三林港上重建了糖坊桥、慕家桥、梧桐桥。

　　南翔有永安桥、报济桥、德华桥等。太平、吉利和隆兴三桥纵横于四水交汇之处，因互为八字，俗称"八字桥"。明清时，每逢端午，龙舟竞渡在此举行。三桥因名字吉祥，成为人们"走三桥"习俗的首选。走三桥为南翔旧俗，每年元宵和中秋夜，遍地插香，月色下，妇女们携子带女结伴夜游，一路看灯，必历三桥而止，以祛疾病，谓之"走三桥"，又称"走百病"。近代以来，每逢婚嫁喜庆、生日祝寿，无论寒暑，不分昼夜，多有走三桥的，以图美满、长寿、吉利。经过历代的充实与发展，走三桥成为传统文化中的重要内容之一。太平、隆兴和吉利三桥，既小巧玲珑，又古朴典雅，呈品字形，地处古镇中心，名字又吉祥，被赋予了美好的寄托，成了消灾消难、吉祥幸福的象征。天恩桥位于镇北，始建于明嘉靖年间，旧名"真圣堂桥"。清顺治年间，易木为石，为横跨横沥的三孔石拱桥。后改名"天恩桥"，"天恩赏月"为明清时南翔一景。西桥肚内建有纤桥一座，与桥面线路纵横交错，是古代的立交桥，今为嘉定区文物保护单位、上海市十大古桥之一。

南翔永安桥

金泽的桥庙文化是上海古镇集群中最为独特的存在，"桥桥有庙，庙庙有桥"，被誉为"江南第一桥乡""古桥梁博物馆"，著名书法、篆刻家钱君匋先生曾为之题写"金泽古桥甲天下"。据史料记载，金泽原有"六观、一塔、十三坊、四十二虹桥"，至今镇上还保存着宋元明清所建的万安桥、普济桥、如意桥、林老桥、迎祥桥、天皇阁桥、放生桥这七座古桥梁。

"小桥"让"流水"与"人家"牵手，"流水"畔，"小桥"边，是一户户粉墙黛瓦的"人家"，或供人居，或作商用。在三林古镇的老街上，从明清起，殷商富户和名门望族在镇上建造了一批具有特色的大屋，都是高檐深宅式的砖体结构，基本布局通常是五或七间两廊，左右对称，中轴线由前而后，依次为墙门间、仪门头、天井、前客堂、后天井、后厅堂，两侧为厢房。较著名的堂有念祖堂、三珠堂、鸿宝堂、余庆堂、三省堂等。这些建筑形成了独具特色的厅堂文化，是古代三林的词典，也是近代三林沧桑的年鉴。

名人名宅是三林民居中的奇葩。汤姓、火姓是三林的大族，所谓"汤家的房子，火家的银子"。汤宅的主人为"浦东财神"汤学钊（1854—1929）。时清末洋布日渐畅销而土布呆滞，乡民生计穷困，汤学钊旋即开设布庄，营销全国，至有"三林标布进京城"的美誉，家庭纺织业得以复盛。汤学钊对公益事业也多所出力：清光绪二十二年（1896），他与秦荣光、周希濂创办三林书院，又租屋创设三林第二中心小学堂；1921年捐银圆千余给三林乡立第二小学；1923年70岁寿辰时，汤学钊用寿宴费把杨思港、薛家木桥改建为三孔石桥，另出资建造石桥十余座。汤宅至今屹立于老街之上，似乎在向人们娓娓诉说着这位乡贤拳拳的家国情怀。

新场的古民居保存良好。建于明代的奚家厅位于洪东街122弄，有房屋35间，占地1 250平方米。门檐上精雕细刻，飞椽，硬山灰瓦顶，为奚姓婚丧大典活

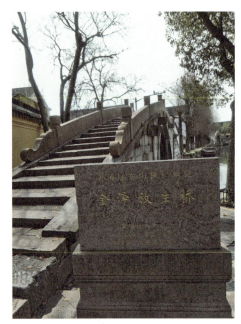

金泽放生桥

金泽迎祥桥

动的主要场所。许家厅屋舍高大，由东向西布局，前有市河，建河埠、广场，造平屋，堆实物，有男佣居室；河埠后面是长街，正门高大，共六进建筑：第一进为墙门屋；第二进是天井，有花卉砖雕，过天井是茶厅；第三进是仪门，屋檐下有"春华秋实"四个大字，旁有备弄，以便女眷进出；第四进又是天井，过天井是大厅，方砖铺地，平整光滑，大厅宽敞；第五进为楼厅，是主人居室、书房、女眷绣花的房间、弹琴室，下层是会客厅；第六进为厨房、餐厅、储藏室、女佣居室。第六进后面是后花园，由小桥过小河，为许宅花园，祖先墓地。另有叶氏住宅群、郑少云宅、张氏宅第、王和生宅、潘氏北房、日照堂、嘉乐堂、王家花园，都是具有历史意义的古民居。

# 多少楼台烟雨中

　　上海古镇那些形态各异的坊塔楼阁、寺庙宫观构成了最美的音符,它们是古镇最具灵魂的文化景观和符号,见证、记录和承载着古镇的历史人文和世事沧桑。

　　在新场,明清年间盛行建造各种牌坊,号称"十三牌楼"。最为著名的是三世二品坊,始建于明万历年间(1573),为明代新场籍官拜二品太常寺卿的朱国盛家族为彰显家族荣耀而建,因其祖父辈均被朝廷封任二品官籍,便命名为"三世二品坊",被誉为"江南第一牌楼"。牌楼曾于1974年被拆除,今日展现给世人的是恢复重建的牌坊。

　　金泽的"江南古韵状元楼"是远近闻名的茶馆。大革命时期,陈云同志曾带领徐勛等革命青年到金泽开展革命活动,在状元楼茶馆宣传农民革命运动,斗争不法地主。陈云还在圆通庵召集金泽工人、店员,向他们宣传上海工人运动,讲述顾正红烈士的英勇事迹。

　　南北朝以来,随着佛教在江南的盛行,上海地区也广建寺庙,正所谓"南朝四百八十寺,多少楼台烟雨中",很多古镇都是因寺成镇。不少寺庙宫观已然成为古镇的标志性景观,是古镇皇冠上最为珍贵、最为耀眼的明珠。比如龙华镇是因龙华寺而立,又因龙华寺而兴;在奉城,流传着"先有万佛阁,后建古奉城"的说法;真如镇因真如寺而建,真如寺的大殿为上海现存最早的寺庙建筑,且是上海地区唯一的元代木建筑。

　　金泽自宋以来寺庙迭建,桥庙相连,有桥必有庙。位于放生桥北堍的总管庙建于明代,因年久失修,20世纪50年代佛像被毁,60年代庙屋改为金泽村仓库,

南翔寺双塔之一

20世纪末重建了总管庙。"总管"是元代设置的官制,总管庙是当地"守郡之生祠"。据《苏州府志》记载,金泽总管老爷为开封人,叫金元七,又名金岳文。金元七是一位公正无私、为老百姓着想的清官,原是地方的守郡,后来晋升为随粮官,管理国家征收粮食,调送皇粮到各省市。金元七一生为国为民,大公无私,政绩突出,朝廷便敕赐在他死后立庙祭祀,封为总管神。时至今日,总管庙依然香火缭绕,表达了老百姓对清官的崇敬之情。

金泽的颐浩禅寺年代更为久远,其前身为"草庵",又名"永安庵",始建于北宋时期。《松江府志》称其"虽杭之灵隐,苏之承天,莫匹其伟"。步入古镇大街,迎面可见颐浩禅寺的牌坊,上书楹联"我佛见一切善男善女人皆当欢喜;是寺具七宝大乘上乘相何等庄严"。元牟巘的《颐浩禅寺记》主要记载了颐浩禅寺的建造年代,发展和扩建的历史,不但见证了颐浩寺灿烂的文化,也是研究金泽文化史的宝贵史料。2002年8月,在新建的颐浩禅寺殿宇东侧清理地基的过程中发现了12个按中国传统建筑布局分布的直径达一米的青石柱基。据考证,此遗址为金泽颐浩禅寺观音殿建筑遗址。据史料记载,颐浩禅寺观音殿建造于宋元时期,坐东朝西,为二层观殿式建筑,占地面积近四百平方米。殿中央有8米高、4米见方的佛龛一座,内设泥塑金身观音大士坐像。殿内存放着篆刻观音大士碑、铜铁混铸洪钟及木刻楹帖、匾额等物品。寺内还保存着"不断云"石栏:元代大书画家赵孟頫兴起时画了长卷"不断云",颐浩寺方丈见到这云图后极为高兴,便请了著名石匠将云图雕刻在一块块石头上,并将石头安放在大雄宝殿前的荷花池四周,组成石栏,周长四十多米,甚为优美壮观。颐浩禅寺偏殿有衮楼前的两株银杏树已有百年树龄。据《金泽志》记载,元初,西域有一高僧名为奔聂卜尔纳。他听说金泽颐浩寺的名声,不远千里来到金泽佛门取经,当时亲自种植了两棵银杏树:一棵在颐浩寺前,为雄性果树;另一棵种在河西,为雌性果树。两树隔河相望,人称

金泽颐浩禅寺

金泽颐浩禅寺"不断云"石栏

"夫妻树"，每年雌树开花结果，果实香糯。可惜河西的雌树在民国时期被锯了，听说移作民用。这件事成了金泽民众的遗憾，他们直至今天仍记挂着它。

位于朱家角漕河街的圆津禅院始建于元至正年间（1341），正殿供奉着观音菩萨，当地人又称"娘娘庙"。寺内的清华阁不仅为游人们提供了一个登高远望的视角，它还曾是圆津禅院诸多丹青墨宝的藏宝之地。宋刻《妙法莲华经》，明文徵明手书《多心经》，刘墉、梁同书、郑板桥等人写的对联都是清华阁中的宝物。

沿着圆津禅院向前的财府是财神在天庭掌管天下金银财富、向万民赐财送福的官邸。唐武德二年（619），皇帝赐封财神为"都天致富财帛星君"，以后中原各地又相继出现其他各路财神传说和庙宇祠堂。元代正式出现了供奉各种财神的财府和都财府，后大部分毁于战乱。朱家角的财府创建于清乾隆八年（1743），被乾隆皇帝称为"天下财神总府"。内厅的财神宝殿上有都天财神殿、五路文财神殿、五路武财神殿，尊奉着华夏民间传说和神仙文化中的所有财神神位及清代以前的各种财神遗宝：赐富财神、地财神、富财神、文财神、正财神、武财神、义财神、南北财神、偏财神、财宝天王及各路小财神和招财瑞兽。财府偏殿还有化解十二生肖"本命年"灾祸的"太岁阁"和牵线姻缘的"月老阁"。上海财府民俗文化馆收藏了历代与"财府""财神"有关的古物以及祀祭和民俗物品，并重新修复了从唐朝流传到清朝的财府及财神殿原貌，原汁原味地传承和展示了中华民族三千年的财神文化，以及流传两千年的民间"接财神"祈愿风俗和年俗文化。

漕河街上还有一座城隍庙，曾称"青浦城隍行宫"，原址在镇南薛葭浜。清乾隆二十八年（1763），徽州商人程履吉将朱家角薛葭浜的城隍庙迁至于此。朱家角城隍庙有三宝。第一宝是戏台。进得三间仪门，便是一座古戏台，基以石鉴，砌以磨细六角砖，后有化妆室，台檐四周皆名工雕刻之文武戏剧，百鸟花卉、人物兵器入木三分，惟妙惟肖。台顶仿六朝古工，无梁无栋，由160只斗拱阶梯

朱家角财府

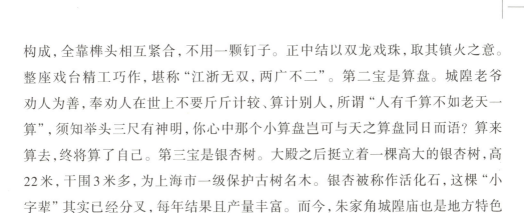

构成，全靠榫头相互紧合，不用一颗钉子。正中结以双龙戏珠，取其镇火之意。整座戏台精工巧作，堪称"江浙无双，两广不二"。第二宝是算盘。城隍老爷劝人为善，奉劝人在世上不要斤斤计较、算计别人，所谓"人有千算不如老天一算"，须知举头三尺有神明，你心中那个小算盘岂可与天之算盘同日而语？算来算去，终将算了自己。第三宝是银杏树。大殿之后挺立着一棵高大的银杏树，高22米，干围3米多，为上海市一级保护古树名木。银杏被称作活化石，这棵"小字辈"其实已经分叉，每年结果且产量丰富。而今，朱家角城隍庙也是地方特色非物质文化遗产城隍庙庙会的传承保护点。

朱家角城隍庙戏台

## 庭院深深深几许

　　古镇人杰地灵，养育了勤劳智慧的劳动人民，也培养了一代代杰出的地方精英，他们的私宅往往精巧细致，充满了江南文人风雅幽静的气质。游人在移步换景之间，常有"庭院深深深几许"之感。

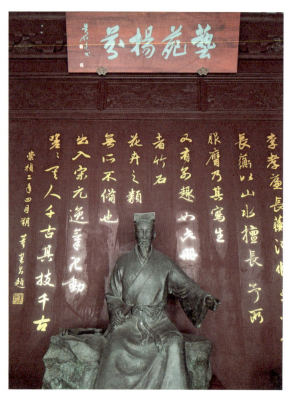

南翔檀园李流芳塑像

　　南翔在历史上有私家园林二十余座，如李流芳的檀园、张崇儒的蒻园和陆培远的陶圃等。檀园是明代文人李流芳的私家园林，为当年文人墨客吟诗畅饮之所，毁于明清易代之际。2011年恢复性重建，园内保留有宝尊堂、山雨楼、次醉厅和芙蓉沜等历史景点。全园布局紧凑得体，以葫芦形水池居中，厅堂环立，洞壑盘旋婉转，曲廊贯通全园。徜徉园内，如在画中。

　　宝尊堂为全园主厅，其名称源于古园，厅内有楹联"檀园儒雅淡泊驻，宝斋素心古风来"，面阔五间，以江南园林建筑艺术经典"鸳鸯厅"构筑重建而成。北厅陈列李流芳之书画和诗歌作品；南厅安置李流芳全身铜像一尊，悬挂"艺苑扬芬"匾额一块及明清两代文人所撰歌颂李流芳及檀园的诗词，以示对先贤的崇敬。次醉厅旧名"次醉阁"，为李流芳会朋晤友、饮酒作诗之处。厅内置书画作品《画中九友图》及《九友歌》，彰显李流芳在晚明画坛之地位。

　　翏翏亭之名取自《庄子·齐物论》中的"而独不闻之翏翏乎"，形容长风之声。《说文·羽部》也解释："翏，高飞也。"意为李氏仕途不济，历经磨难后回乡息影，寄情书画，但其雄心不减，壮志弥坚。园内的步蘅舸有楹联"鹅偶戏波怀逸少，鱼能知乐契蒙庄"，出自李流芳表字"长蘅"，"步蘅"乃尚贤敬仰之意；舸，又名"石舫""不系舟"，分为三段，前舱较高，中舱略低，尾舱建二层楼，凭栏远眺，天地开敞明亮。步蘅舸三面环水，一面接岸，欲动实静，置身其中有行舟远去之感。

　　谷诒燕翼是一座运用平雕、浮雕、镂雕和透空雕等石雕艺术雕琢而成的徽派门楼，以精致雕艺释放丰收、吉祥、舒适、安闲和荣昌子孙之意。内设慎娱室、剑蜕斋，再现李流芳旧时生活、读书的场景。慎娱室为李氏画室，名出其号。李流芳以画名最著，旁通书法、印章、竹刻、园林、盆景和藏石诸艺，天资秀逸，情趣高雅。

南翔檀园

南翔檀园步蘅舸

招隐亭原为李流芳与程嘉燧、宋珏、张鸿磐等文人墨客相聚之处，他们常于此饮酒作画，纵论天下时事，愤阉党乱政，忧国事日非，借丹青以自娱，纵美酒以解脱。剑蜕斋源自古园，乃李氏书房，为其读书、写作以及与友人叙晤之所。其诗文大多创作于此，并在此抱病编纂《檀园集》。钱谦益、侯峒曾等辈常来此谈史论艺，一时称盛。琴书轩的名字来自钱牧斋记述檀园"琴书箫闲，香茗浓烈"，原为李流芳书画之余抚琴、吟诵、吹箫之处。清晖院之名源于李流芳在杭别墅，院内设山雨楼，楼名取自唐代许浑《咸阳城东楼》之"山雨欲来风满楼"句，借意表达李流芳在明末大厦将倾，烽烟四起之时，"身虽退屏，不忘国恤"的情怀。

古猗园是游人在南翔的必达之处，为明万历河南府通判闵士籍始建，后归李宜之，请竹刻家朱三松重新规划，因多植竹，取《诗经》"绿竹猗猗"之意得名。清乾隆年间，叶锦得之，竹刻家周颢参与修复并将其扩大，为体现其悠久历史，改名为"古猗园"。关于古猗园，还有一段凄美的故事：传说古猗园最早的主人在京当官，远离家乡，无法侍亲，于是决定改扩建老宅，改善父母的居住条件，进一步表达孝心。在改建中，为了突出主厅逸野堂的庄重华美，园主将其造成四面厅，并在门前左右亲植盘槐两株。正当园主陶醉于孝心兑现中，殊不知已犯下大罪——据说只有皇帝才能植双盘槐。后来，园主被人告发有谋反之心，结果被满门抄斩。

位于古猗园竹枝山顶的补阙亭，俗称"缺角亭"。1931年九一八事变后，日寇侵占我东北三省。翌年，爱国民主人士陈少芸独资在园内建造此亭，以志国耻。该亭特缺东北一角，象征东北三省沦陷，另三角塑成紧握的铁拳，高高举起，表达了中华民族抗战到底、收复失地的决心。今为体现爱国主义精神的名亭，是区级文物保护单位。

朱家角的课植园坐落在景区大门入口不远处，镶嵌在镇内市河的一侧，静

南翔古猗园

朱家角课植园望月楼

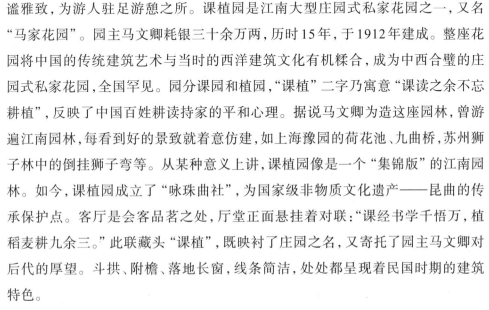

谧雅致,为游人驻足游憩之所。课植园是江南大型庄园式私家花园之一,又名"马家花园"。园主马文卿耗银三十余万两,历时15年,于1912年建成。整座花园将中国的传统建筑艺术与当时的西洋建筑文化有机糅合,成为中西合璧的庄园式私家花园,全国罕见。园分课园和植园,"课植"二字乃寓意"课读之余不忘耕植",反映了中国百姓耕读持家的平和心理。据说马文卿为造这座园林,曾游遍江南园林,每看到好的景致就着意仿建,如上海豫园的荷花池、九曲桥,苏州狮子林中的倒挂狮子弯等。从某种意义上讲,课植园像是一个"集锦版"的江南园林。如今,课植园成立了"咏珠曲社",为国家级非物质文化遗产——昆曲的传承保护点。客厅是会客品茗之处,厅堂正面悬挂着对联:"课经书学千悟万,植稻麦耕九余三。"此联藏头"课植",既映衬了庄园之名,又寄托了园主马文卿对后代的厚望。斗拱、附檐、落地长窗,线条简洁,处处都呈现着民国时期的建筑特色。

仪门上砖雕匾额"永怀刻鹄",此语出自《后汉书·马援传》。汉代马援将军是马家之根,马文卿以此来教育后代要永远牢记向品德高尚的人学习。内厅厅堂雕梁画栋,属中式装饰风格。楼上原是眷属卧室,二楼的天面呈穹面,属西式特点,还有冬暖夏凉的效果。二楼有走马楼,这是典型的中式结构。

园内的长廊纵向相隔,是清代建园常用的阴、阳复廊,又称"重廊",朝阳的为阳廊,背阴的为阴廊。古时女子走阴廊,男子走阳廊。阳廊尽头是二十余米的碑廊,廊墙上镶嵌着15块书法碑刻。马文卿当年不惜重金收集了明代四大才子的真迹,又请著名的金石专家依照真迹雕刻而成,是课植园的镇园之宝。

望月楼又名"冠云挚月楼",寓意此楼以云为冠,可与月亮牵手,真诚相握。这是一座五层菱形建筑,四面开窗,楼顶建有小小的四角亭。在此登高远眺,不但可以赏月,还可饱览淀山湖、大淀湖、漕港河三水胜景。俯首近观,课植园全景尽收眼底。

观唱楼供家族成员观赏演出时所用。观唱楼背靠清涟的水池，也是品酒赏月的极佳之处，所以这里又名"水月榭"。课植桥桥长5米，是朱家角镇上最小巧玲珑的石拱桥了。

打谷场由稻田、果园、草药圃、打谷场等组成，展示了课植园的耕读文化，即让儿孙后辈下地务农，亲身体验劳作带来的健康、快乐与智慧，真正体会"耕九余三"的意义，尊重生命节律。

园内保存有红房子遗址。原本课植园有个稻香村，面对稻香的这个位置有个红房子，是典型的西式建筑，楼额刻有五个大字——"耕九余三堂"。对于"耕九余三"的解读有两个版本：一是农民辛苦三季，休闲享受一季；二是农田耕作三年，休耕养息一年。前者针对人，后者针对地，都是为了尊重生命节律。

藏书楼又称"书城"。楼外三面筑有城垛的城墙，并辟有月洞门。楼的外部建有拱形旱桥作为楼梯，桥栏用翠绿玻璃筒瓦砌成，扶手呈竹节状，有"节节高"之寓意。藏书楼有两层，左室藏图，右室藏书，所以月洞门上原来刻有"左图""右史"的砖雕。楼下是珍藏古玩之处。

双帛亭又名"双帛井"，是双口单井。门前建井有聚宝盆之意，寓意财源不断。"帛"古时为丝绸，后取"化干戈为玉帛"之"和"意，道出古人和气生财、家和万事兴的以和为贵的理念。

古镇的自然与人文的硬件形态，是我们可以感知的上海古镇的外在符号。同时，这些小桥流水亭台楼阁，也是古镇内在精神的呈现。

# 古镇传奇，多少故事？

# 传说中的古镇名人

相传,春申君黄歇、孔子的弟子子游、哭倒长城的孟姜女、汉代将领张良与纪信、八仙之一的韩湘子等都与上海古镇有着很深的渊源,留下了欢快美丽又曲折动人的传说,他们可以被称为"传说中的古镇名人"。

## 春申君黄歇

首先不得不提到的就是战国四公子之一,当过楚国宰相的春申君黄歇。上海简称之一的"申"、黄浦江的旧称"黄歇浦"等名词相传都与春申君有关。

先秦时期的上海地区处于吴、越、楚争霸的范围内。它先属吴,越灭吴以后,上海地区归于越,后来楚灭越,上海地区又归入楚国的版图。当时的上海地区为海隅之地,默默无闻,这就意味着经济不甚发达,甚至是落后的,但同时也意味着远离政治斗争的漩涡,平安而宁静。两千多年前,身为楚国宰相的黄歇就意识到了这一点,因此主动提出将自己原有的封地换到包括今上海西部地区在内的故吴废都之地。

黄歇对申地进行了大量的建设工作,比如修缮、兴建城宫、府、舍、巷门和监狱等。在农业生产方面,黄歇着力于农田改造和农业水利设施的建设。为此,他主持疏浚了东江、娄江、吴淞江等诸多水道。相传,春申君也曾在上海境内治理河道,民间传说《黄歇、黄浦江和春申江》就讲述了春申君治水的故事:很久以前,当上海还是一片荒凉的沼泽地时,有一条河床很浅的河流常常泛滥,被称为

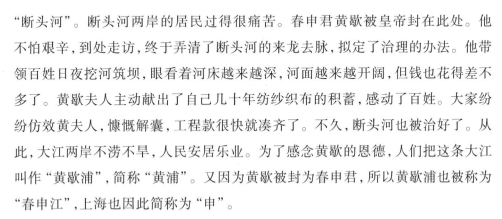
"断头河"。断头河两岸的居民过得很痛苦。春申君黄歇被皇帝封在此处。他不怕艰辛，到处走访，终于弄清了断头河的来龙去脉，拟定了治理的办法。他带领百姓日夜挖河筑坝，眼看着河床越来越深，河面越来越开阔，但钱也花得差不多了。黄歇夫人主动献出了自己几十年纺纱织布的积蓄，感动了百姓。大家纷纷仿效黄夫人，慷慨解囊，工程款很快就凑齐了。不久，断头河也被治好了。从此，大江两岸不涝不旱，人民安居乐业。为了感念黄歇的恩德，人们把这条大江叫作"黄歇浦"，简称"黄浦"。又因为黄歇被封为春申君，所以黄歇浦也被称为"春申江"，上海也因此简称为"申"。

当然，这仅仅是一则传说，是文化记忆而非真实的历史。实际上，发源于太湖的吴淞江下游才是早期上海境内的主要水道，它穿过今上海西部青浦区（旧青浦镇）而汇入大海。黄浦江则是南宋以后才逐渐形成的。

上海的不少地名都与春申君有关，比如春申塘、春申村等。春申塘是一条东西走向的河流，流经闵行、徐汇、松江三个区，相传为春申君所开凿。松江区新桥镇春申村也因春申君而得名，一条春申君开凿的春申江蜿蜒绕村而过，当地还流传着一首与春申君有关的儿歌："嘟嘟嘟，嘟嘟嘟，爷娘去开黄浦江，然后再开春申塘，领头的大爷叫春申君，住在伲村黄泥浜。"

与春申君黄歇关系最密切的地名要数位于今上海市嘉定区西南的黄渡古镇，相传为黄歇渡江之处。清代上海学者钱大昕在《跋〈云间志〉》中说，吴淞江入海口叫作黄浦，相传得名于春申君。他曾经考证过这个问题，指的就是古沪渎，"黄"与"沪"，声母相同。他的家乡西南三十里外有黄渡镇，吴淞江流经黄渡，当地人认为这里就是黄歇渡江之处。

据嘉靖《嘉定县志》卷一"市镇"条，黄渡镇在嘉定县西南30里，因水而名。元政府在这里设置吴塘巡检司，明代沿袭，继续在此设置巡检司。巡检司为低级军事官署,主要负责缉捕盗贼,说明早在元代,黄渡一带已经有居住聚落。到明代中期,黄渡已设镇,商业也日渐繁华,因此还设立了掌管一县税收的税务部门——税课局。

春申君对上海的发展有着深远的影响,后来百姓为他立庙,并时常祭拜。春申君的主要祠庙包括位于今沪闵路以西、春申塘以北的宋代春申庙(今不存),位于今山东路、河南路、延安路一带的明代春申君庙(今不存),位于今松江区新桥镇春申村的春申君祠(新建)等。

称自己为春申君封地的镇远不止黄渡镇,明清以来的上海乡镇志,大都会说自己的辖区是春申君封邑。"申"就从古镇的开拓者变成了上海的符号。上海的两大称谓——沪、申,都是从古镇的叙事而来。


## 先贤言偃

言偃,字子游,曾受业于孔子,是孔子诸多弟子中的最出名的七十二贤人之一。言偃是吴人,是已知的孔子弟子中唯一一位南方籍的弟子。言偃祖居今江苏常熟地区,孔子去世后,他返回吴地传学,成为启发东南文化的先驱,被尊为"言子"。

相传,言子曾来到今上海奉贤地区传学,以礼仪道德教化人,奉城古镇就因此得名。这一传说被不少文献所采纳,比如乾隆《奉贤县志》卷一"建置"中记载,县名"奉贤"是因为县里有奉贤街,相传子游曾来到这里,因此得名"奉贤";《重修奉贤县志》"序二"中记载,相传言子曾来过这里,为了奉言子之贤,而名"奉贤"。

奉城古镇历史悠久,《至元嘉禾志》载该地原名"青墩",又名"墩明",当地

百姓曾长期以渔业、盐业为生。五代时这里设有青墩盐场，为上海地区最早的盐场之一。北宋时此地有渔民聚集，逐渐形成村落，名为"青村"。明政府在此设千户所。清代雍正年间，奉贤县县治迁往青村所城。民国元年，青村所城始称"奉城"。

历史悠久的奉城镇上有诸多古街，其中奉贤街曾被称为"古游里"，相传言子来过这条街。大约在清道光十五年（1835），古游里建起了祀奉言子的言子祠。言子祠前后三进，共十三间，前进为头门，中进为道南学舍，后殿供奉言子神位。虽屡经修缮，但到新中国成立前，言子祠已经破损不堪。1982年，言子祠拆建为耶稣堂。从清朝到民国，言子祠每年春秋两次举行祭祀仪式，地方政要、士绅、教师等都参与祭拜。

奉城镇百姓中也流传着不少关于言子传学的传说，《奉贤县名的来历》就是其中之一：孔夫子逝世后，子游发誓要完成老师的遗愿，去南方传播老师的学问和道德。子游走遍了南方的山山水水，年纪大了以后，他拼着最后一口气来到一个小村落里住下来。村里的人都很敬重他，尽力侍养他，也从他那里学到很多学问。他去世以后，村里的人出钱将其埋葬，并在墓前造起了一座小祠堂，称为"奉贤祠"，意思是供奉先贤的祠堂，这个地方就被称为"古游里"。后来，这一带又因奉贤祠而得名，也就是今天的奉贤区。

## 汉将纪信

纪信为刘邦部下将领，曾舍身助刘邦脱困，以忠义闻名。纪信在上海也留下了不少传说，比如《纪王镇名的由来》：秦末，刘邦占领咸阳之后被项羽围困。项羽送信说，只要交出刘邦，就绝不伤害城里的官兵百姓。刘邦军中一位叫作纪信的低级军官相貌与刘邦相似，自愿代替他出城，后来被项羽烧死，而刘邦借此突围成功。为了纪念纪信，刘邦封他为"忠佑王"，并在纪信的家乡七家村建立了一座纪王庙。纪王庙建成以后，香火旺盛，很快形成了一个不小的集镇，被称为"纪王镇"。

上述传说中的七家村就在今上海市闵行区纪王镇。纪王镇的源头是居住在吴淞江畔的7户渔民组成的聚落，即"七家村"。相传，纪信就是七家村人，也就是今闵行区纪王镇人。纪王镇也是一个历史悠久的古镇，镇北滨吴淞江，盐仓浦流经此处。宋元时，镇北的吴淞江常常泛滥，严重威胁着当地百姓的生命和财产安全。百姓认为这是西楚霸王项羽的鬼魂在作祟，于是将吴淞江潮称为"霸王潮"。为了镇潮，人们立起了汉将纪信的庙进行祈祷。纪王镇的纪王庙在宋元时期已经存在了，元代书画家赵孟𫖯曾为其赋诗曰："酒酣拔剑气如云，屠狗吹箫尽策勋。汉室功臣谁第一，黄金合铸纪将军。"此后该庙屡经迁建，清光绪《纪王镇志》记录了这段历史。

除了纪王镇的纪王庙之外，上海地区还有不少宫庙供奉纪王，最著名的莫过于宋代的淡井庙了。庙因淡水井而得名，庙前曾有"宋建淡井庙"石匾额，其遗址位于今瑞金宾馆内。嘉庆《松江府志》记录说，淡井庙在宋代时为城隍行宫，元代成为正式的城隍庙。根据南宋《绍熙云间志》、元代《至元嘉禾志》等方志的记录，明代洪武之前，淡井庙一直供奉纪信为城隍神。也就是说，纪信是上海地区最早的城隍神。

宋代淡井庙遗址（郭腾飞摄）

淡井庙得名之淡水井（郭腾飞摄）

淡井庙之残碑（郭腾飞摄）

# 历史上的古镇名人

在漫长的发展过程中,人杰地灵的上海古镇培育了一代代善良勇敢、聪慧坚毅的古镇儿女。他们中的一部分人对中国社会的发展进步作出了巨大贡献,他们的名字在历史的长河中熠熠生辉,比如在科学技术方面成就斐然的徐光启、黄道婆,在文学艺术上有深厚造诣的陆机、陆云、顾野王与董其昌,还有政治家陆贽、航海家张瑄、学者钱大昕等。

## 学者顾野王

著名的南朝学者顾野王是上海人,曾在今金山区亭林镇(当时属海盐县)居住。顾野王博览群书,多才多艺,天文地理无所不知。顾野王的著作有很多,可惜大都已失传。他曾仿效东汉许慎的《说文解字》,撰写了《玉篇》。这是一本重要的字书,对后世的汉字研究有重大影响。顾野王的另一本著作《舆地志》是记载各地山川、风物、历史传说的作品,书中首次解释了上海的简称"沪"的来历:沪,即扈,曾是古代上海渔民用来捕鱼的一种工具。此外,顾野王还是当时一位有名的画家。

亭林镇曾名"顾亭林",它的得名与顾野王有着莫大的关系。《绍熙云间志》卷上《古迹》记录说,顾亭林湖在县东南三十五里,湖南有顾亭林,相传顾野王曾经居住在这里,因此得名。现在(南宋)这个地方是宝云寺。寺内的《伽蓝神记》载,寺南有一块高地,顾野王曾于此修《舆地志》,相传这里就是顾野王读

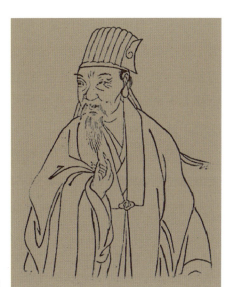

顾野王像

书墩。《绍熙云间志》卷中《寺观》还记录说，宝云寺最初叫作"法云寺"，建于唐代大中十三年。后晋天福五年，湖水毁坏了寺基，寺庙不得不迁移到南边的高基上，这里就是顾野王的旧宅。因顾野王曾官至黄门侍郎，故寺内建有顾黄门祠。

顾野王曾在顾亭林读书是一个悠久的传说，不仅在民间流传，也影响了许多文人。北宋时期当过华亭县令的唐询曾作《华亭十咏》，其中就包括一首《顾亭林》，诗曰："平林标大道，曾是野王居。旧里风烟变，荒原草树疏。湖波空上下，里闬已丘虚。往事将谁语，凄凉六代余。"曾担任过北宋宰相的王安石也写过《次韵唐彦猷华亭十咏》，以和唐询的作品，其中《顾亭林》一诗写道："寥寥湖上亭，不见野王居。平林岂旧物，岁晚空扶疏。自古圣贤人，邑国皆丘墟。不朽在名德，千秋想其余。"

集合了明清之际见闻的《坚瓠集》也记录了顾野王读书的传说。相传，顾野王读书处原名"读书墩"，宋时为避讳而改称"读书堆"。法云寺的两位僧人曾共做一梦，梦到一位穿着金紫色衣服的人说："我是梁朝的侍郎。"他还告诉两位僧人寺里有一块断碑。后来僧人发掘出一块石头，上面刻着"寺南高基，顾野王曾于此修《舆地记》"。

顾野王还被当地人称为"喝潮王"，这其中也有一个故事：顾亭林濒海，常受海潮侵扰，顾野王在顾亭林读书的时候，遇到海潮入侵，顾野王一怒之下大喝一声，潮水立即退去，后续的潮水也不敢再来了。他死后，当地人曾立祠纪念。

## 书画大家董其昌

董其昌，字玄宰，号思白，别号香光居士，曾官至南京礼部尚书。董其昌最重要的身份是著名书画家，相传清代的康熙、乾隆皇帝都曾临摹过他的书法帖。董其昌也是华亭画派的杰出代表，他的绘画作品与观点对明末清初的中国画坛有重要影响。董其昌的著名作品包括《岩居图》《明董其昌秋兴八景图册》《昼锦堂图》《烟江叠嶂图跋》等。

董其昌出生在松江府上海县董家汇，即今闵行区马桥镇。马桥的历史相当久远，在马桥镇东俞塘村曾发掘出土过从新石器时代到唐宋时期的马桥遗址。马桥遗址为研究上海地区的成陆年代和文化历史提供了确凿的证据，具有很高的价值。董其昌虽然出生于仕宦家庭，但他出生时董家已经没落，仅有一些薄田。董其昌少年时，曾因为逃避劳役而在今松江叶榭的外祖父家住过一段时间，并在叶榭的水月庵私塾读书。34岁时，他考中了进士，此后一路青云直上，官至南京吏部尚书、太子太保等。实际上，董其昌对明代昏官当政的局面很不满，常

常托词辞官，因此其政治生涯起起伏伏，并不算十分成功。但也正因为屡次辞官，董其昌有了更多时间来亲近艺术与自然，最终在艺术上取得杰出的成就。

虽然董其昌官做得很大，艺术成就也很高，但他在民间的声望却不高，闵行、松江等地流传着的董其昌传说都不那么正面。比如一则流传在松江地区的《董其昌卖字》的故事这样讲述：董其昌少年时特别善于临书摹字，几乎可以乱真。一天，村里一位秀才拿了一张书法家陆万里的字给他看。他不以为然，临摹了一幅。秀才评价说："形似神不似。"董其昌不服气，又临摹了一张，还签上了陆万里的名字，拿到市场上去卖，想羞辱一下秀才。没想到一直到下午，这张字也没有卖出去。此时，人群中走出一位先生，捡起一张纸片，用胡须蘸茶水写了"熟俗生秀"四个字就离开了。董其昌一看，纸片上的字比自己强许多，原来这位先生就是陆万里。从此以后，董其昌闭门苦练书法，终于自创一格，渐渐出了名。但见过陆万里字的人都说董其昌的字来源于陆万里，稍逊一些。董其昌因此一直耿耿于怀。他当官以后，努力搜集陆万里的字，并把它们都付之一炬。从此，董其昌的字名扬天下，再也没有人说他的字源自陆万里了，也很少有人知道书法家陆万里了。

当然，这只是民间故事。实际上，董其昌不仅仅是马桥镇的名人，松江区也将其当作松江文化的代表人物，而研究上海文化的人，总是将董其昌视为上海文化的杰出代表。

## 上海城隍秦裕伯

位于黄浦区方浜中路的上海城隍庙正殿供奉的城隍神是秦裕伯。秦裕伯是北宋著名词人秦观的八世孙。元朝建立以后，秦氏家族避居上海。秦裕伯49岁时考中进士，后来官至福建行省郎中。但在福建任职仅一年后，因不满于政局，秦裕伯主动辞官，隐居于上海，侍奉老母。元末张士诚起义后，试图笼络秦裕伯，但几次均被拒绝。朱元璋掌权后，先后三次给秦裕伯送去聘书。秦裕伯拒绝了前两次的聘请，直到朱元璋第三次催促，实在无法推脱，他才不得已到南京上任翰林院侍读学士，为皇帝和太子讲读经史。此时，秦裕伯已经七十多岁了。没过几年，秦裕伯就托病辞官返回上海，很快就去世了。相传秦裕伯死后，朱元璋称"生不为我臣，死当卫吾土"，敕封他"显佑伯"，为"上海邑城隍正堂"。

秦裕伯的家乡就在今上海市闵行区浦江镇召稼楼古镇。召稼楼的历史可以追溯至南宋。宋室南迁以后，中原地区的百姓随同南下，其中一部分流落到上海地区。明代工部侍郎谈伦（上海人）归隐故乡，招纳流民垦荒种田。谈伦在今召稼楼镇的北街口搭建了一座平台式的小楼，因为专为召稼耕农夫所用而得名"召稼楼"。随着来此居住的人越来越多，召稼楼的商业逐渐发达，街道也不断延伸，逐渐成为浦东名镇。

秦裕伯在上海百姓的心目中有着很高的地位，流传着不少关于他的传说，比如爱民如子的秦裕伯被封为上海县城隍神之后，神迹屡现：相传，清代顺治年间，苏州总兵王璟奉命扫荡海寇，因懦弱无能被海寇打败。朝廷派江宁周巡抚调查原因，王璟怕事情败露，诬指上海百姓与海寇勾结，并奏请抄斩沿海一带的民丁。当时，清朝根基未稳，对海上的骚乱特别敏感，害怕百姓参与反清复明，因此，周巡抚批准了王璟的奏请，准备对沿海百姓进行大屠杀。当天夜里，城隍神秦裕伯在周巡抚面前几次显形，终于阻止了此次屠戮。

上海古镇名人的传说还有很多，比如"中国古代十大名相"之一的唐代政治家陆贽就是今金山区枫泾人。古镇本名"白牛泾"，后因陆贽而改名。陆贽18岁就中了进士，为人高洁又有才华，被德宗亲切地呼为"陆九"。泾原兵变后，德

上海城隍庙（1906年明信片）

枫泾古镇（毕旭玲摄）

宗被迫到奉天避难,每日上百份诏书都由陆贽起草。一天,陆贽在行军时走丢了,德宗急得大哭,并下诏说找到陆贽者赏千金。母亲去世,陆贽回家丁忧三年,各地官员借着悼念探望之名送来厚礼,都被陆贽一一拒绝。消息传到德宗耳中,皇帝也认为他过于谨慎。但陆贽认为,为官者不能防微杜渐,就会滑向深渊。陆贽去世后,家乡的民众为了纪念陆贽的清风正气,将"白牛泾"改为"清风泾",后来口耳相传,误传为"枫泾"。

# 古镇"非遗"，如何传承？

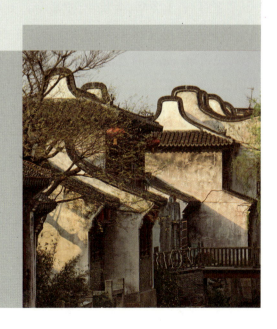

# 民俗仪式灿烂多

古镇是人口汇聚之地，常住与流动人口的聚集，使古镇的经济文化高度繁荣，从而催生出许多民俗仪式，装点了四时节庆。在非遗的十大门类中，民俗列第十位，但是占比却非常高。民俗包括庙会节庆、信俗和生活传统等内容，仪式性是其显著特征。

## 三月三龙华庙会

"三月三，上龙华，看桃花，逛庙会。"每年农历三月三前后的上海龙华庙会，是上海地区历史最悠久、规模最宏大、影响最广泛的地方民俗活动之一，享有"上海民俗第一游"的美誉，堪称上海民俗文化的一个缩影。龙华庙会早在明清时期就已形成规模，至今已有四百多年历史，其盛名远播江浙地区。每年农历三月三日前后，龙华寺内香客不断，寺外商贾云集，又值桃花盛开，因此上海及江浙一带早有三月三游龙华庙会的传统。

相传，龙华庙会早在唐代垂拱年间就已具雏形。当时，每逢龙华寺举行大型水陆法会，周边信众便蜂拥而至，卖香烛、小吃的商贩也集中于此。明清时期，庙会由单一的礼佛活动发展成集礼佛、商贸、娱乐为一体的综合性庙会，还与赏桃花的习俗结合起来，庙会的时间也由三月初三扩展至三月十五，从而扩大了庙会的规模，并且影响到周边省市和地区。

龙华庙会的繁荣除了与龙华寺这一千年古刹有关外，也与本地的地理交通

龙华庙会

有很大关联。据记载,古时龙华的水路交通很发达。在明代,龙华港穿镇而过,东接黄浦江,西连漕河泾、蒲汇塘。晚清修筑了龙华路后,民国初年又相继建了火车站和上海最早的航空港——龙华机场,龙华地区形成了全国罕有的集水路、陆路、铁路和航空于一体的立体交通。随着城区发展格局和交通的变化,龙华庙会也历经兴衰,并由乡村庙会向都市庙会转型。

作为江南地区重要的民俗活动,龙华庙会不仅形成了龙华素斋、龙华豆腐干等饮食品牌以及吉祥出会、踏青赏桃花、观皮影戏、舞龙舞狮、荡湖船表演等娱乐习俗,还产生了一系列的传说故事、民谣、诗词等文学作品,对江南地区的信仰、文化娱乐和商业贸易都有较大的影响。2008年,这一珍贵的民俗文化遗产被列入第二批国家级非物质文化遗产名录。

## "三月半"圣堂庙会

圣堂即崇福道院,坐落于三林镇北面,相传为三国时期陆逊为其母所修建的家祠。北宋宣和元年(1119),宋徽宗赐额"崇福道院",主要供奉真武大帝,为道教正一教道观。圣堂庙会在每年的农历三月十五举行,俗称"'三月半'圣堂庙会"。

庙会始于明清时期,在清末三林文人陈师咸的诗歌中就有对"三月半"圣堂庙会热闹景象的描绘。民国时期,尤其在1937年以后,随着时局的动荡不安,庙会也逐渐衰落。1954年,政府首次主办圣堂庙会,名称改为"三林城乡物资交流大会。"后随着政治运动的不断兴起至1967年受到"文革"的冲击,大会彻底停办。改革开放后,圣堂庙会也迎来了转机。1987年,三林崇福道院边修复边开放,同时物资交流大会也得以恢复。1992年,物资大会被改名为"圣堂庙会"。

但随着城市化进程的加快，庙会原有的经济功能逐渐衰退，随后陷入停顿，中断十余年。

2006年，三林镇重新挖掘这一民俗文化，积极申报非物质文化遗产项目。2007年，"三月半"圣堂庙会被列入浦东新区首批非物质文化遗产名录，并于4月30日（农历三月十四）举行了"三月半"庙会开幕式。2008年举办的恢复性的圣堂庙会获得成功，共有22万人参加，28家媒体作了相关报道，引起了强烈反响。2009年，"三月半"圣堂庙会从镇一级的庙会提升为浦东三林民俗文化节"三月半"圣堂庙会，历时5天，参与人数激增至55万余人。随着三林老街恢复改造基本完成，2011年，浦东三林民俗文化节"三月半"圣堂庙会的开幕式从崇福道院移至三林老街举行。2012年，"三月半"圣堂庙会升级为首届上海民俗文化节，不仅举办了隆重的首届上海民俗文化节暨"三月半"圣堂庙会开幕式，并且以"走进古镇"为主题，开展了为期27天的民俗文化节活动，汇聚了道教祈福、行街表演、民乐歌舞、戏曲表演、舞龙舞狮、龙凤百鸟灯彩、武术杂技、茶道表演、美食街、游艺互动等内容。同年，"三月半"圣堂庙会进入上海市非物质文化遗产保护名录。

## 三林老街民俗仪式

三林老街民俗仪式，是浦东三林古镇世代传承的民俗仪式活动，包括上元出灯、中秋祭月、城隍出巡等。

三林古称"筠溪"，相传宋朝时期福建人林乐耕迁居创业相中此地，后父子三人居于三处，人称"东林""中林""西林"，合称"三林"。据史料记载，明弘治年间，三林镇就已经成为"民物丰茂，商贾鳞集"的地区。

每年农历正月十五元宵节时，三林都有出灯的习俗，故有"上元出灯"之说。每到元宵佳节来临之际，三林老街上的商会都会组织人将彩灯叠成灯山，花灯焰火相映成趣。人们观灯猜谜，赏月看花，加上喜庆的舞龙舞狮表演，映照出节日的喜庆氛围。

而在每年农历的八月十五，三林又有举行中秋祭月仪式的习俗。《三林乡志残稿》记载："（八月）十五日，为中秋。赏月、烧斗香。各庙以三林庙为盛。食月饼、芋艿、豆荚等。妇女夜游，谓之蹈月。"人们陈设香案，诵读祭文，上香祈福，还有文昌祈慧、走三桥、投壶、斗蟋蟀、打金索等活动，都广为流传。

古时在三林镇有东西两座城隍庙，城隍每年有三次出巡，时间分别为清明、农历七月十五和农历十月初一，俗称"三巡会"。其中又以十月初一的城隍出巡仪式最为隆重，出巡仪仗气派非凡：鸣锣开道，人们手持伞盖绮罗，头牌锦旗，前呼后拥着城隍塑像，后面紧随各式装扮的信众和民俗表演队伍。沿老街巡游至戏台广场前举行祭拜仪式，由主祭诵读祭文，百姓叩首上香，而后继续巡游，沿途的百姓和商家则在自家门前设供桌祭祀城隍老爷并燃放爆竹。

三林城隍出巡

# 龙的故乡崇龙俗

上海地区有着悠久的文化传统，是中国古文明的发祥地之一。早在良渚文化时期，上海区域便留下了龙的印记——青浦福泉山的龙纹陶鼎；并且在上海远郊的古镇里，寺院、桥梁、长街也保留着各种与龙相关的历史文化景观。

## 罗店龙船

端午时节划龙船在我国有着悠久的历史，形成了各地区不同的风格和习俗，也反映了各地区经济发展的水平。在罗店古镇，集表演、欣赏、竞赛、贸易于一体的划龙船习俗就是与本地区的经济活动相结合，几百年来一直是当地人在端午节乃至其他节日中开展的一项重要活动。

罗店镇古称"罗溪镇"。相传早在明朝初年，来自安徽、江西一带的船民，见当时的市河两岸土地肥沃、交通便利，便相继在此结庐定居。他们种植粮棉，纺纱织布，经营四方土产等，历经数十年发展，使市河两岸逐渐繁荣成镇。随着经济的繁荣，划龙船这一中国民间特有的习俗也传到了罗店镇，并且由于罗店经济力量雄厚、造船技术高，罗店龙船盛极一时。清光绪十五年的《罗溪镇志》中记载："五月初五为天中节，亦称端午……里有旧有龙舟五六号，旗仗鲜明，锦彩夺目，擅一邑之胜。粤寇时，俱毁。今重造五号，不改旧观，更将生铁炼成熟条于弯处对接，高丈余，插船头，将十三四岁小儿装扮故事，扎缚其上，谓之出彩……又有一等拳勇之人，另驾小船，戏弄枪棒，各献武艺，佐以锣鼓，名曰快船。"从这段

文字中不仅能看出当时罗店划龙船的盛况，而且也看到了罗店龙船制作的讲究，从一个侧面反映了罗店经济的发展。

罗店龙船之所以如此兴盛，与罗店综合经济力量的强大以及人们对文化消费的需求分不开，更与这里聚集了一批有相当造诣的造船世家有关。除了韩家湾，现今罗店的梗浦桥、大石桥、北家、西巷等地，也是当时木匠、船匠的集聚之地。他们都有自己的码头，也拥有自己的龙船。可见，罗店龙船的发展离不开罗店造船手工业的兴旺。有关罗店龙船动人而又美丽的故事很多，这些故事流传久远，不仅提高了罗店的知名度，也吸引了众多富商巨贾，更促进了当地经济的发展。

据罗店老一辈人回忆，罗店解放前有龙舟6只，称绿龙、白龙、紫金龙、黄龙、老青龙、小青龙。抗战初期，罗店龙船老青龙参加了当时闻名上海的哈同花园龙舟比赛，结果以其独特的装潢、逼真的造型和高超的划水技巧获得了第一名，奖一只龙船，即后来的小青龙。哈同之妻更是在高兴之余，不仅奖赏每个划船手银圆，而且把他们留在府中当差，以便随时可以进行龙舟表演。20世纪30年代，罗店龙船还多次参加嘉定汇龙潭的赛龙舟比赛，每次都得胜而回。从此，罗店龙舟名扬上海滩。

每逢罗店有龙舟表演，四乡八邻的百姓就会集聚罗店，市河两岸人山人海。当时，罗店龙船不仅丰富了当地人民的文化生活，更对当地的经济起到了推动作用。

1993年，船匠出身的张氏三兄弟自筹资金3万余元，依照古法，以匠心打造了全新龙船，让具有四百余年历史的龙船重回公众视野。昂首翘尾的罗店龙船小巧玲珑，底平而吃水浅，可拆装，便于保管。龙头用香樟木雕刻，龙嘴口含明珠，朝天张开，龙尾高翘。船的前部是以罗店镇玉皇宫内明代古建筑北极阁为式样建的牌楼,牌楼雕梁画栋、富丽堂皇,凸显庄严尊贵。后有艄亭,亦雕梁画栋,彩瓦飞檐,前后呼应,十分美观。经各方的努力,罗店划龙船的传统习俗逐渐恢复。1994年6月25日—7月3日,一别三十多年的罗店龙船节在仲夏之夜的罗溪公园隆重举行,重现当年盛况。

罗店龙船,重观赏,轻竞渡,以表演为主,更侧重招式,而不在乎速度。表演中最精彩的莫过于"打招",不同的组合"打招",可形成各种不同的队形和走向线路。划龙船时,"领港"的龙船统一指挥,各条船之间相互配合,或同向追逐,或交叉穿行,旋转迂回,从而形成"链条串""荷花箍""交叉环""团团转"等造型。同时,还有丰富多彩的陆上表演,故每年罗店龙船会时,都会有万人空巷之盛况。

龙船制作工艺精细,造型别致,既全面传承了吴越地区龙船之特色,又有诸多的独特创造,地域文化风格明显。其融合了造船、建筑、雕刻、扎灯、织锦、刺绣、书画等工艺,是"工匠精神"的典范之作。当下,罗店龙船在传承传统工艺的基础上还与时俱进、勇于创新,运用数字技术,全面记录龙船制作过程,并制作出3D模型和演示动画。

如今,罗店划龙船的习俗已被列入国家级非物质文化遗产名录,成了当地百姓心中的文化盛典,而罗店也被评为"中国民间文化艺术之乡"。

## 松江舞草龙

"松江草龙"因龙以稻草扎成,用于祈天求雨而得名。一般在传统庙会、广场活动中演出,普遍流传于松江县境内。据松江县叶榭乡乡志记载,松江的"草龙求雨"源自唐代。松江叶榭乡是一个有着两千多年历史的古镇。传说唐仪凤

年间（676—678），叶榭境内遭受了一场特大旱灾，土地龟裂，庄稼枯萎。百姓又苦于苛捐杂税，走投无路，只得寄望神灵，祈求苍天能解民之危。谁料老天无情，依然烈日炎炎，但却感动了"八仙"中的韩湘子（松江县志记载中有韩湘子是叶榭地区人之说）。一日，他途经家乡，从云端俯瞰乡亲父老焚香点烛，面向东海跪地叩拜的情景，深表同情。于是，便逗留云间吹起神箫，瞬间召来东海"青龙"在叶榭地区上空盘绕三圈，顷刻天际乌云密布，倾盆大雨瓢泼而下。叶榭冶铁塘两岸，久旱禾苗喜得甘霖，重新吐穗。百姓为报答韩湘子"吹箫召龙"的恩德，便将冶铁塘易名为"龙泉港"（即今叶榭塘），并用田间丰收的青秀禾秆扎成一条条三尺多长的"草龙"，翩翩起舞。

旧时出龙秋雨时，引龙人不用"龙珠"，而是以箫代珠引龙，只有在进入元宵灯会的行列活动时，才增添龙珠及舞珠人，并在草龙侧方配有"荡湖船"伴舞。原始草龙的形象比较简单，仅用稻草接扎成结实的龙体。舞龙人数少至二三人，最多五人，1949年以前开始发展成为七人草龙。过去祭祀演出时，一般为两条、四条甚至更多。求雨时常在庙前和田野演出，祭天求雨的日子为农历五月十三日、九月十三日和当地的关帝庙会。以后的娱乐性演出就只用一条龙了。舞龙者都身穿蓑衣，头戴雨笠，足穿草鞋。参加祭天活动时，群众亦有此打扮。

"草龙求雨"舞蹈除序幕、结尾处出现信女若干人手捧香案，跪地求神等舞蹈动作外，其龙的基本动作与一般龙舞相似。不同之处是多了"求雨""取水"等部分。整个表现过程分"祷告""行云""求雨""滚龙""翻尾""取水""返宫"七个小段。舞龙的主要动作有"行云""求雨""滚龙""龙钻尾""龙取水"等；舞珠人的基本动作有"戏珠""亮珠""引龙"等；拜香队的主要动作则有"祷告步""叩拜"等。

舞蹈表演风格深沉、动作迟缓。锣鼓点子节奏简单、缓慢，如序幕中仅用低

叶榭草龙

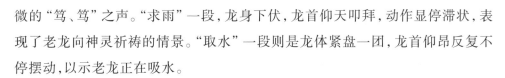

微的"笃、笃"之声。"求雨"一段，龙身下伏，龙首仰天叩拜，动作显停滞状，表现了老龙向神灵祈祷的情景。"取水"一段则是龙体紧盘一团，龙首仰昂反复不停摆动，以示老龙正在吸水。

由男、女十二人表演。其中信女四人，作农村妇女装扮分别手捧蜡台、红烛、香炉。一女双手合十于胸前，步履节奏缓慢，面部神态虔诚。舞珠人为男性，农村青年形象，表情庄重，手握龙珠竿（或笛子），动作自然稳健。舞龙男子七人装扮同舞珠人，分别执龙头、龙身、龙尾。另配锣鼓队五人。

舞蹈中所用道具均用稻草和竹竿扎成，表演者穿戴的雨笠、披肩、草鞋也由稻草制成，构成了草龙的特有风格。

## 吕巷小白龙舞

吕巷小白龙舞是金山吕巷镇民间文化活动流传下来的一种集武术、舞蹈、民族鼓乐、民族文化等为一体的传统特色活动项目，是当地传统节庆活动的重要组成部分。

它是由民间自发形成的，是人民群众祈求风调雨顺、为保一方平安而展示的一种民间舞蹈。明清两代宗教盛行，原干巷地区（现吕巷镇）寺庙众多。每逢佛事庙会，民众以歌舞炫示。频繁的庙会活动，带动了民间小白龙舞活动的发展。

舞龙活动所舞之龙原为草龙，但吕巷小白龙以白绸布作为龙身而得名。相传在清朝末年民国初年，根据祥龙降水的传说，居住在网船埭的村民采用自愿集资参与的方式，请艺人扎制了一条龙，并买了白绸布为龙衣，自发成立了一支舞龙队。

吕巷小白龙共13节，包括1节龙头和12节龙身，节距1.2米。最早的吕巷小白龙舞有现场锣鼓打击乐作为伴奏音乐。舞者根据锣鼓节奏的快慢来调出各种舞龙套式。有10种传统调法：平调、横8字调、过桥调、跪调、座调、困调、穿空调、穿花背调、蹬天路、祥龙戏珠。

吕巷小白龙的最大特色是在舞龙中配以长凳和八仙桌作为道具。舞龙时，用长凳拼成一长条，似农村的田间小岸。舞龙者在长凳上，预示着祥龙从天而降救庄稼。再用八仙桌搭成石桥形状，舞龙者边舞边上高台，有石桥取水、蹬天路的场景，与其说是在舞龙，不如说是在模拟神龙布施甘霖的场景。

吕巷小白龙

# 手工技艺奇巧多

古镇经济的发达,使得手工技艺得到长足发展。那些精妙绝伦的手工技艺,反映了人们独特的审美情趣,积淀了深厚的地方人文精神。手工技艺是上海工匠精神的载体,是历史上江南经济发展的动力。

## 徐行草编工艺

徐行古镇是江南著名的草编之乡,其黄草编织历史悠久,工艺精湛,享誉国内外。黄草本是在河滩上的一种野生草本植物,因色泽淡黄而得名黄草。黄草光滑柔韧,性清而凉,可以剖劈。徐行先民很早就发现其特点,遂利用其秆、茎编织成玲珑精致的生活用品,并在发展过程中不断创新,加缀以色彩鲜艳的花纹图案,编织出了精细美观又具有实用价值的艺术品,成为当地名产。

徐行草编需要经过去苋、开辟、染色、选模具、编织等步骤。首先将黄草晒干,并且把顶部的花苋剪去;其次将黄草茎秆开辟成2—4毫米的细茎,作为编织的原材料;然后将开辟好的黄草原材料染色,再用清水漂洗,随后晒干备用;最后选用相应的模具进行编织。不同的草编织品,一般需要不同的模具,如拖鞋模、茶杯模、提包模、果盒模等。另外,编织方法也不同,一般需要经过起底、装模、编面、结口、缝边、装配件等步骤,才能最终成型。徐行草编工艺精致,门类多样,有拎包、果盆、杯套、盆垫、拖鞋等20大类、上千个品种,不仅具有较高的实用价值,还有着艺术美与自然美,是实用性、工艺性、艺术美完美结合的

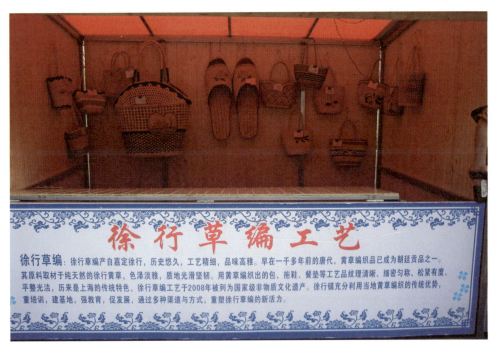

徐行草编

典范。

早在唐代,黄草编织品已成为朝廷贡品之一。清同治年间,以徐行镇为中心的黄草编织区就已形成,当地农民将其作为一项主要的家庭手工业。民国初年,东西方草编文化开始交流和发展。1914年,意大利斯曲罗斯洋行就通过当地的代理人向徐行农民收购黄草织品,并转销东南亚和欧美各地。从此,徐行草编制品开始走出国门,进入国际市场。1953年,李月琴设计并编织的和平鸽图案拖鞋在民主德国举办的莱比锡国际博览会上荣获艺术奖章。

随着徐行草编影响力的逐渐扩大和艺术内涵的不断提高,1994年,徐行镇被文化部命名为"中国民间艺术之乡"。2008年,徐行草编被列入国家级非物质文化遗产名录。

## 三林瓷刻

三林瓷刻是三林三绝之一。这项技艺以刀代笔,以瓷当纸,在白瓷釉面上刻写字画,既有酣畅淋漓的刀锋刻痕,又有水墨画的幽雅神韵。

清乾隆年间,浦东一带涌现出很多喜欢瓷刻的文人雅士,这一特殊的爱好也催生了瓷刻技艺的发展。光绪年间,三林镇乡贤张锦山师从上海瓷刻名家华约三学习瓷刻技艺,同时受到江西刻艺人的影响,采用高碳合金钢錾在白瓷上刻画、敲錾等技法,出现了线条、双钩、刮磨等表现手法,使瓷刻作品刀法细腻精致,更具金石味,受到文人雅士的青睐,三林瓷刻由此成形。后来,钨钢刀及金刚石刀的运用,使得三林瓷刻技艺日臻完美。清朝末年、民国时期,由于内忧外扰,文人墨客生活无保障,风光一时的瓷刻艺术也日渐凋零,仅剩张锦山之子张炳根仍传承着这技艺。20世纪80年代末,张锦山曾孙张宗贤重拾祖传技艺,潜心钻

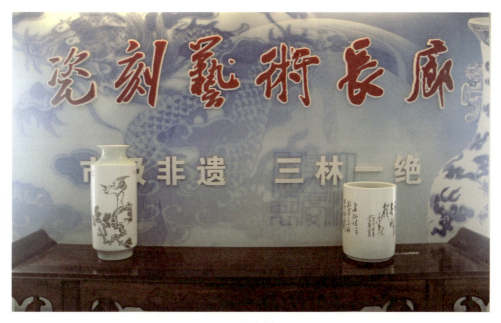

三林瓷刻

研，将独特的雕、刻、磨、皴、擦、染等技法与书画艺术融为一体。其作品从瓷盘、瓷盆，发展至花瓶、异型瓷器和大型插屏，并巧妙地将瓷刻作品与厅堂居所陈设相结合，一展瓷刻新风。

2006年，三林瓷刻在上海民博会上首次参展就获得"传承奖"，开始受到社会广泛关注。2008年，三林瓷刻被列入浦东新区非物质文化遗产名录，多件作品被浦东新区档案馆收藏，并且还在2010年上海世博会的主题馆展出。2011年，三林瓷刻被列入上海市非物质文化遗产代表性项目名录。

## 马陆篾竹编织技艺

马陆篾竹编织技艺源于明末清初，由太湖洞庭传入嘉定众芳村一带，距今已有三百多年的历史了。清朝末年民国初期，嘉定县城南门至石冈一带已是有名的"篾作街"，不少村民以竹编为业，其中城南的白墙、周家村、泥桥、棕坊桥、庙前等五个自然村，就有142家农户专业从事竹编，占总农户的九成以上。至新中国成立时，篾竹编织人员不下数千户。1949年以后，马陆乡政府组织了石冈竹器生产合作社，专门从事篾竹制品编织，产品供不应求。1958年改为竹器专业生产合作社。1964年起更名为"石冈竹器厂"。1980年，竹器生产并给棕坊村，改名为"马陆棕坊竹器厂"。

马陆篾竹编织工序细琐，要经过选篾、断料、劈篾、织底等十余道工序。根据编织工艺的不同，又可分为平面竹编、立体竹编和混合竹编。早期篾竹编织以竹篮、竹箩等日常生产、生活用品为主，经济实用，深受群众喜爱，后来则发展出针线匾、竹丝盘、篾席、摆设、玩具等兼有欣赏价值和收藏价值的工艺制品一百余种。马陆篾竹编织工艺精湛，式样美观，图文造型富有地域和民族特色，产品一

度远销埃及、捷克、意大利、瑞典等国。

2007年，马陆篾竹编织技艺被列入上海市非物质文化遗产代表性项目名录，2008年又被认定为上海市传统工艺美术品种。

# 民间音乐与戏曲

古镇的文化繁荣，表现之一就是娱乐文化的发展。音乐、戏剧、曲艺等的兴盛，使古镇变得热闹起来。悦耳的江南丝竹，铿锵的锣鼓声，夹杂着吴侬软语，是古镇撩人心弦的音律。

## 泗泾十锦细锣鼓

泗泾十锦细锣鼓是松江古戏乐中的代表作，是上海泗泾地区的吹打艺人们在吸收了昆腔艺术特色的基础上，在长期的演奏过程中不断打磨而形成的独具特色的传统民间音乐，已有近300年的历史。

泗泾古镇在北宋时期就已形成村落，名为"会波村"，元朝中叶建镇。元至元年间，陶宗仪为避兵乱隐居于泗水南村，并常与一班文人共聚，留下不少佳作，泗泾文化由此中兴。清顺治以后，人口陡增，经济日趋发达，传统民间艺术大兴。元宵灯会、清明社戏、端午竞渡、七月十五庙会、小青班、打唱班生意丰隆，丝竹之音、锣鼓之声不绝于耳。泗泾十锦细锣鼓就是以集锦的方式将各个不同的戏曲片段及当时流行的民歌小调有选择地集中起来，在乾隆年间就已广泛流传于松江地区。

泗泾十锦细锣鼓的艺术特色主要是锣鼓。它具有南昆中软、糯的艺术特色，所以"文"而不"武"，"雅"而不"闹"，"柔和"而不"粗犷"；具有节拍鲜明、节奏感强的艺术特点，集中到一点就是"细腻"，所以民间就称其为"十锦细

锣鼓书

锣鼓"。

在演奏时,一个人要兼带几件乐器,敲一段锣鼓点板后,拿起丝竹来演奏,交替进行,一专多能。在乐器的运用上,同一面锣鼓,由于敲法、轻重以及点板着落处不同,可以敲出不同的音色。锣梗、鼓梗的敲头通常用木质较重的材料制作,这样发出的声响短促而沉闷,符合十锦细锣鼓节奏感鲜明的特点。其中,最具特色的是十锣梗的敲头可以勒上脱下,演奏时用槌赶头敲奏,音质效果别具一格。

在1986年的文化普查中,十锦细锣鼓再次被挖掘出来,得到恢复和发展,并于2008年入选第二批国家级非物质文化遗产保护名录。

## 月浦锣鼓

月浦锣鼓是上海市的民间音乐。起源于清朝中期,最初是当地的民间艺人将货郎小鼓作为乐器在江南丝竹中演奏,起到点缀的作用。到了清朝末年,为了参加庙会、灯会等庆典活动,当地的鼓手们将货郎小鼓进行了改造:扩大了直径和厚度,两面均蒙皮,还做了鼓架。改造后,音量大大增加了,音色也较为浑厚,更适合于室外演奏。

经过长时期的演变和几代民间艺人的创造,演奏形式也相对定型:通常是八只小鼓分两边对称而立,演奏中常用"对奏"的方法。为了增加色彩,他们还在八只小鼓的鼓沿上扎上绣有张果老、汉钟离、蓝采和、铁拐李等八仙形象的彩绸。这就是流行于上海市宝山区月浦镇、罗店镇、罗南镇一带的"八仙对鼓"(也称"八拍对鼓")。为了丰富八仙对鼓的表现力,还时常加入木鱼、小锣、小钵等小件打击乐器,成为上海小锣鼓中的"细锣鼓"或"清锣鼓"的形式。在特别盛

大的场合,还加入唢呐、笛子以及丝竹乐器,成为吹打乐或民乐合奏的形式。

改革开放以来,随着宝钢的建设,全国各地的冶建单位汇集到上海宝山,也将山西的威风锣鼓、太原锣鼓、四川的闹年锣鼓以及浙东锣鼓等优秀鼓种带到了月浦地区。经过不断创新探索,终于在原有的八仙对鼓的基础上形成了新型的"月浦锣鼓"。

传统的月浦锣鼓,活跃在民间的节庆活动中,成为当地群众喜闻乐见的节目形式;现代的月浦锣鼓,不仅多次在国内外的文化活动中亮相,而且已成为月浦特色民俗文化的标志。2005年,月浦镇建造了全国第一家乡镇锣鼓博览馆"百鼓陈列馆"。2007年,月浦锣鼓艺术团出访参加了欧洲的民间艺术节。月浦镇先后被评为"中国民间文化艺术之乡"和"全国文化先进社区",月浦锣鼓也被列入首批上海市非物质文化遗产代表性项目名录。

## 七宝皮影

皮影戏,俗称"皮团头戏""皮人戏",属戏曲中的傀儡戏曲剧种。上海地区的皮影戏发端于七宝镇,渐流行于莘庄、华漕、虹桥、长桥、九亭、泗泾等周边地区。清光绪初年,七宝镇的毛耕渔赴杭州拜师学艺,将浙东皮影戏引进,并于光绪六年(1880)春组建了鸿绪堂皮影戏班在七宝镇上演出,使七宝皮影戏成为最早完整地扎根开花于上海的江南皮影艺术。此后,戏班辗转献艺于上海、青浦、华亭各县乡镇和城区茶楼,不断传承发展,形成了鲜明的海派个性,推动了上海地区皮影戏的兴盛。鼎盛时期,上海地区有五十多个戏班演出皮影戏,七宝、长桥、马桥、漕河泾、陈行及闵行等地均有知名戏班。抗战前夕,皮影戏班甚至在上海大世界连演三个多月。抗战爆发后,众戏班先后衰退停演。1949年以后,半职业的皮影戏班逐渐恢复。1953年8月,上海市民间皮影剧团成立。1958年3月,上海县举办皮影戏会演,招待中外记者。1960年2月,举行春季群众文艺会演,设皮影戏专场,当时有皮影戏班11个。"文革"时期,皮影戏演出停止,直到1980年春才恢复。1987年,皮影戏参加了上海国际艺术节民俗文化庙会的演出。随着七宝老街的修复,2006年,七宝镇组建七宝皮影俱乐部,并恢复演出。2007年6月,七宝皮影戏被列入首批上海市非物质文化遗产代表性项目名录。

## 锣鼓书

锣鼓书旧称"太保书","太保"由上海郊县一带农村中祈求保佑太平的活动"太卜"衍化而成。因演出时由演员自击锣鼓演唱故事,民间亦称之为"堂锣书""神鼓书"。新中国成立后,合其名称为"锣鼓书"。

锣鼓书历史悠久,宋代时已在南汇地区萌芽。据史料记载,当时即有从事巫艺行为的太保逐渐在民间活动。到了元、明、清,每逢正月初一、三月廿八的庙会,太保书以转钢叉敲太保等杂耍性民间舞蹈的形式在庙会上进行活动。明清时期,一些绅富人家开始请艺人用说唱形式祭祀神佛和祖先,随后在民间流行起唱太保书的活动。清朝末年民国初期时,太保书已走出南汇,广泛流行于上海市郊,并传播到浙江嘉兴、平湖一带及江苏毗邻地区。由于当时茶馆多,艺人也多,听书成为人们文化活动的时尚。当时上海市郊说唱锣鼓书的书场有一千多座,光南汇就有一百余座,其兴盛可见一斑。这些以太保书为主要形式的曲艺活动的广泛流传,使南汇成为上海民间曲艺锣鼓书的发源地。抗战时期,太保书进入上海市区演出,涌现出一批颇具影响的太保书艺人。

1949年以后,太保书一度因涉嫌宣传迷信被禁。20世纪60年代,太保书改

称"锣鼓书"。之后，在内容和形式上都有了较大的发展创新。改革开放以来，尤其是进入21世纪以后，锣鼓书得到了长足发展。1996年，南汇被国家文化部认定为"中国民间文化艺术（锣鼓书）之乡"。2004年，锣鼓书被文化部列为国家级民族民间文化保护工程项目。2006年，锣鼓书又被列入国家级非物质文化遗产名录。

# 民间文学

每一座古镇都有许多故事,那些隐藏在深宅大院、古桥巷井的传说,那些名人轶事、风土传闻,伴随着乡音俚语在人们的茶余饭后口耳相传,形成了一道道独特的风景。

## 沪谚

沪谚又称"上海谚语",是上海市的传统民间口头文学,主要流传于闵行区陈行镇一带。陈行是上海县城隍秦裕伯的故土,有着悠久的历史和丰富的文化遗产。当地百姓说话不忌土气,方言口音独特,各村大多有能唱善说者,逢人就能说笑的百姓不少于数百人。因此当地传说、歌谣、谚语等蕴藏量大,而且传承有序,记录丰富。尤其是清代至民国初,当地的文人乡贤汇编出《上海县竹枝词》《沪谚》《沪谚外编》等众多俗文学资料,产生了深远的社会影响。

目前流传下来的沪谚大概有三千多条,根据内容可以分为时政、修养、事理、社交、生产、自然等类别。沪谚来源于人们的日常生活,使用原生态的老派上海方言,题材广泛,修辞手法丰富,真实反映了旧时上海乡村农耕生活和市井平民生活风情,体现了上海人的文化理念和人文价值观。

## 淀山湖传说

在美丽的朱家角镇,有着许多美丽的传说。这些传说故事源远流长,涉及

《沪谚》

淀山湖

年代从秦朝直至现代,时间跨度两千多年。它们流传在当地的田间地头、屋檐桥下,是老百姓茶余饭后的自娱自乐,通过人们的方言土语一代代口耳相传。这些传说以淀山湖为主线,结合对人物、史事、动物、特产、风物等原型的丰富想象,大致可以分为地名演变类、人物传说类、史事风物类、动物特产类等,在叙事中穿插着俚语俗话,保留着原汁原味的水乡特色。

淀山湖传说的兴盛,得益于经济文化的发展。宋、元以后,江南经济文化迅速发展,淀山湖一带成为士人隐居、读书、著述之地,涌现出诸多作品,如卫经的《淀湖》诗、杨维桢的《淀山湖》、王昶的《雨后登淀山望薛淀湖》等。明清时期,朱家角兴市,淀山湖的奇闻逸事、民间传说经说书先生加工、完善,传播影响至上海市区、昆山市、太仓市等地。

1979年,朱家角成立业余故事队,专门讲述淀山湖传说。20世纪80年代,相关机构组织专家深入挖掘、整理了流传于淀山湖周边的民间传说,收录在《中国民间故事全书·上海·青浦卷》《浪花》《风情朱家角·民间趣谈》《风情朱家角·薛淀润珠》和《朱家角镇志》等书中。

## 川沙民间故事

川沙历史悠久,自明嘉靖三十六年(1557)抗倭英雄乔镗"领筑川沙城堡"至今,已历经沧桑四百六十余年。此地文化底蕴深厚,民间素有讲述故事的传统,是浦东故事的摇篮发源地。如明清时期的"泥龙的传说""川沙的传说",民国时期的"沈毓庆和川沙毛巾""黄炎培与小普陀"等。除了这些代代传承的传统故事外,川沙民间故事也在不断地创作。民间传说、轶事逸闻、时事快讯、新人新事,都是川沙民间故事的创作题材。

　　川沙民间故事包括语言艺术与表演艺术两部分，以浦东方言为基础，贴近生活，与时俱进，说身边事，讲乡土情，内容都是百姓喜闻乐见的。演讲时以单人为主，不讲究道具、布景与演员化妆。一人饰多角，主要凭借语言、手势和眼神传情达意。随着时代发展，川沙民间故事也从一人讲，创新发展出二人讲、三人讲、配乐讲、情景讲等形式。川沙民间故事不只流传于村镇、街道，也走进企业、机关、学校。创作演讲的人员数量多、热情高，在全国和上海市的故事活动中佳绩频传，并荣获上海市故事大赛"八连冠"，社会影响可谓巨大。2003年，川沙镇被国家文化部命名为"全国故事之乡"。2015年，川沙民间故事被列入上海市非物质文化遗产代表性项目名录。

　　当然，除此之外，上海古镇里隐藏的非物质文化遗产还有很多。这些珍贵的非物质文化遗产，它们连接着历史与未来，世代的传承彰显出古镇的与众不同。

# 古镇美食谁最美？

古镇美食，是古镇的重要标识之一，也是古镇独特的文化表征符号，更是古镇的"活"招牌。上海古镇里的美食，就像跳动的音符，谱写着属于自己的华彩乐章。它不仅滋养着地方民众，同时补足了游客对海派美食的想象。

被冠以美食之称的食物，必然是经过精心烹饪且有精湛技术加持的产物。上海古镇的美食也不例外。它们从时间隧道中走来，被品评，被传承，甚至被传扬，成为上海对外展示的一张亮丽名片。

## 古镇非遗名食

在上海，有一笼包子名气很大，即"南翔小笼包"，原名"南翔大肉馒头"，是南翔古镇的名点。它已经有一百三十多年的历史，如今依然备受青睐。食客会惦记它吹弹可破的表皮下鲜美的汤汁与被油润过的肉，惦记它如盛开的菊花一般的褶皱，惦记它与味碟相遇后入口的难忘味道。这其实都得益于百年传承之技艺。

南翔小笼制作技艺研发于清同治年间，经过几代糕点师傅的努力，出炉的南翔小笼晶莹剔透，富有弹性。坊间还流传着"轻轻提，慢慢移，先开窗，后吸汤"的12字品尝要诀，让吃具有了仪式感，具有了美感。这只具有百年历史积淀的包子，其制作技艺已于2007年被列入首批上海市非物质文化遗产代表性项目名录，2014年又被列入第四批国家级非物质文化遗产扩展项目名录。南翔古镇除了小笼包，被列入非遗名录的还有罗汉菜制作技艺和郁金香酒酿造技艺，无形

的高超技艺物化成精品美食。罗汉菜与郁金香酒曾一起出现在一首出自光绪年间淘安居士陈墨荪之手的竹枝词中："飘零书剑十年长，异地难逢话故乡。别忆佳蔬罗汉菜，慰情犹有郁金香。"美食变成了表达乡愁的叙事符号，也有了价格之外的价值意义。

在上海，有一蹄髈，见者垂涎，闻者盛赞，获奖无数，它就是市郊金山枫泾古镇的枫泾丁蹄。据记载，清光绪二十五年（1899），丁蹄市场遍布沪杭一带，继而走向世界。枫泾丁蹄在宣统二年（1910）获南洋劝业会褒奖银牌，之后在巴拿马、德国莱比锡等国际博览会上斩获金质奖章。1986年，枫泾丁蹄被正式载入《中国土特名产》。1994年获"中国特产精品"等荣誉称号。2007年，枫泾丁蹄制作技艺入选首批上海市非物质文化遗产代表性项目名录。枫泾丁蹄味道佳，已用奖项说明，但是丁蹄背后的传说，跟丁蹄一样被人津津乐道。相传咸丰初年，枫泾有一户姓丁的人家经营一小酒家，生意不景气，丁老板忧心忡忡，食欲不佳。丁夫人爱夫心切，熬制了一碗开胃汤，但不小心全撒入了正在烧制蹄髈的锅中。丁夫人赶紧用旺火收汤，结果歪打正着，蹄髈在爱心开胃汤中翻滚，香味渐渐从无到有，最后满屋飘香。出锅的蹄髈颜色亮泽，入口肉质细嫩、油而不腻，就连汤汁都能喝三碗。推向市场后，丁家小酒家店铺因蹄髈而名声大噪，一时之间食客络绎不绝，"丁蹄"之名也由此盛传开来。

在上海，有诗曾赞美一块松饼，即"千层玉雪压团沙，一捏酥棱纤指夸"。这句诗夸的就是上海高桥古镇的"高桥松饼"。高桥古镇被誉为"万里长江口，千年第一镇"。这座千年滨海水乡古镇的传统名点深受顾客喜爱，其中高桥松饼就是当地糕点中的王中王。据说高桥松饼起源于1900年。经过百年传承，2007

年，高桥松饼制作技艺被列入了首批上海市非物质文化遗产代表性项目名录。正宗的高桥松饼，从投料到成品需要十二道工序，道道工序都得用心，才能换得香酥可口的高桥松饼。它外观呈扁圆形，表面呈乳黄色，四周则是乳白色。一口下去，便能感受到皮薄、层次多、馅足、酥脆、松软，视觉与味觉瞬间被激活。通常在古镇上行走的游客，手上都会拎着一袋松饼，边吃边欣赏古镇美景，这已然成为古镇的一道亮丽景观。

在上海，吃有大学问。沪上庄行一带流传着"伏羊一碗汤，不用开药方""药补不如食补，食补顶要食伏羊"等谚语，这是当地百姓对伏天吃羊肉喝烧酒的认知，也是在地方性知识的指导下逐渐形成的一种饮食惯习。其实，伏天吃羊肉配烧酒是庄行数百年以来就形成了的独特饮食习俗。享有"千年伏羊看庄行"美誉的庄行羊肉、烧酒，主要得益于古镇土地肥沃，雨水充沛，水草繁茂。以水草为食的山羊，羊肉不膻而且肥美，并凭借肉质佳、味道鲜美而享誉沪上。吃羊肉喝烧酒的最佳时间是上午，一大早，食客就会提着烧酒蜂拥至羊肉店铺，一口羊肉一口酒，吃得不亦乐乎。羊肉、烧酒还成为地方民间文学的重要素材，比如《以羊陪嫁的由来》《荷叶包羊肉的传说》等传说故事。2009年，庄行羊肉烧酒习俗被列入第二批上海市非物质文化遗产代表性项目名录。2008年，首届伏羊节在庄行隆重开幕，游客慕名而来，与庄行古镇百姓共享绝美佳肴。

在上海，饮是有讲究的。清康熙年间，有"嘉定六君子"美称的张鹏翀作诗赞美酒："郁金香注古黄流，一斗分来助拍浮。醉扫翠峦千万叠，可能胜似换凉州。"上海著名作家赵丽宏在《古镇南翔十日谈》中也曾赞美道："这是一种

深琥珀色的药酒，开瓶后异香扑鼻，入口只觉醇厚微甜，一股清雅的药香在齿颊间弥漫，回味不俗，不会喝酒的人也喜欢它的清香。"郁金香酒作为嘉定特产之一，其历史可以追溯到清康熙年间。南翔石友成糟坊则是郁金香创始店，至今已有300多年历史。1937年，郁金香酒在德国莱比锡博览会上荣获国际金奖。1986年，郁金香酒被评为上海市优质产品。2009年，郁金香酒酿造技艺被列入第二批上海市非物质文化遗产代表性项目名录。2014年，郁金香酒被评为上海老字号。该酒选用嘉定本地种植的上等白元糯米再搭配广郁金香、当归、杜仲等20多味珍贵药材纯手工酿制而成，成为广受百姓青睐的养生酒。除了飘香沪上的郁金香酒外，枫泾黄酒因醇香浓郁，回味持久，还有一套成熟的叙事话语，比如长期饮用可解除疲劳、用黄酒泡药能够舒筋活血、美容养颜等，在民间口耳相传。枫泾黄酒经过不断地自我叙事与被叙述，成为沪上百姓杯中常见的美酒。

在上海，时令美食惹人注目。比如在过我国二十四节气之一的清明节时，南方好制作青团，沪上也不例外。其中，庄行古镇的青团俗名"麻花郎圆子"，也称"乌金蛋"，已经有600多年的历史。庄行青团在制作过程中因加入地方特产——野菜"麻花郎"而显得与众不同。麻花郎是庄行的野生蔬菜，具有清热解毒、消肿散结的功效。制作青团时，当地百姓都会放一些麻花郎，将其与糯米粉合二为一，揉成绿色面团，再摘坯包馅，成品绿色又健康，令人食之不忘。庄行青团，圆球状，馅料有甜有咸，放在竹制蒸笼里隔水蒸熟，出笼时一个个色泽翠绿，待冷却后则变成墨绿色，乍一看像乌金蛋，因此也被称为"乌金蛋"。吃起来黏柔香糯而富有韧性，食后唇齿留香，余味无穷。2015年，庄行青团制作技艺被列入第五批上海市非物质文化遗产代表性项目名录。

## 古镇传统名食

还有很多的上海古镇传统美食，虽然没有申报遗产名录，但也是不可忽视的。

青浦区有"上海威尼斯"之称的朱家角古镇遍地美食，十里飘香的阿婆粽、深红油润的扎肉、香酥可口的臭豆腐、甜而不腻的麦芽糖、各种暄软的糕团等应有尽有。金泽古镇的美食也不少，名声大噪的要数金泽状元糕、赵家豆腐干。另外，练塘古镇糕团也非常有名。这三样美食的制作技艺都入选了青浦区非物质文化遗产保护名录。练塘古镇还有一名菜不得不提，那就是油焖茭白。练塘古镇因产茭白被誉为"华东茭白第一镇"，练塘茭白以丰富的营养价值被誉为"水中人参"，并于2008年获国家地理标志保护产品称号。油焖茭白遂成古镇代表性菜品。

闵行区七宝古镇是一个有着千余年历史的江南古镇，古镇老街琳琅满目的美食让人眼花缭乱。七宝老街汤圆、海棠糕、酱蹄髈、酱猪肘、鸭脚宝、塌饼、七宝方糕等都是七宝古镇的招牌美食。召稼楼古镇的美食也不赖，无论是草头塌饼，还是色泽金黄的炸猪皮、鲜香诱人的烧卖、软糯的肉粽、香酥的油墩子，都以其独特的味道，给人留下了深刻的印象。

松江区泗泾古镇的饮食服务业有着悠久的历史。现在泗泾大街形形色色的美食应有尽有。关于泗泾镇的名食，还有一首打油诗："阿六汤圆广利粽，洪喜摊粉味不同，腐干出自三星斋，洪兴美酒酱同丰。"除了打油诗中的名菜名点外，沈三记的爆鳝和鳝丝面、翁聚义的鸡排面、陈锦记的黑菜（乌龟肉）、茂林馆的燠面、泗泾白切羊肉等美食简直就是一道风味美食景观。

浦东新区三林古镇的美食，有漂洋过海重回三林的崩瓜，它因皮薄如纸、弹指可破、食之脆甜被评为三林三宝之最；有上过《舌尖上的中国》的三林本帮

菜，形制精巧如艺术品，色香味浓；还有让人食后爽口开胃的三林酱菜，它是三林三宝之一，也是"沪郊百宝"之一。

　　古镇美食是极具浓郁的地方特色的文化符号，比如提到松江镇，老上海人会想起松江鲈鱼；提到水蜜桃就会想到龙华与南汇；提到蜜梨就会想到庄行古镇；提到天花玉露就会不由自主地想到罗店古镇。上海古镇的美食到底哪家最好吃，这很难评判。其实不需要分个高低，只要这种美食能够让你味蕾大开，让你吃出幸福感，它就有了意义与价值。

# 古镇土布也多彩

　　上海土布,是对上海各区县当地手工棉纺织物的俗称,原是相对于外来的洋纱线纺成的织物而言,而今却是相对于机器织布而言的。上海土布从植棉到纺纱,到织布,再到成衣,均在家庭内由手工完成,曾于"男耕女织"的小农经济时代盛极一时,成为国民经济的牢固根基。

　　上海地区植棉业与手工棉纺织业的兴盛,促进了国民经济的发展,更催生了一大批上海古镇。这些古镇至今还留存着诸多与棉纺织相关的有形文化与无形文化遗产,是古镇文化生活的重要组成。许多古镇,如朱泾镇、枫泾镇、七宝镇、龙华镇、法华镇、三林塘镇、塘桥镇、朱家角镇、金泽镇、南翔镇、娄塘镇、罗店镇等,曾由于地理位置的优越,在棉纺织业的植棉、生产、贸易中占有重要位置,成为棉布的生产、加工集散地,更成为棉布的交易中心,富庶而繁盛。

　　上海的谚语中,有不少与因棉纱织业而兴盛的古镇相关。如有"金罗店、银南翔、铜江湾、铁大场"之称的旧时上海四大名镇。罗店自元代始以棉花为主要农产,所生产的紫花布、斜纹布、棋花布畅销各地。至明清时期,棉布贸易更是兴旺,"比闾殷富""徽商辏集",时有商家六七百家,每日三市,四乡来客,车船络绎不绝,贸易繁荣,经济日趋富饶,遂成四大古镇之首。"银南翔"指的是南翔镇,所产的刷线布又名"扣布",光洁厚实,畅销远近。南翔布市繁荣,百货骈集,舟车纷繁,遂有"银南翔"之称。又如嘉定娄塘镇,因各地布商停泊于此来运送棉花和布匹,有"花布码头"之称;青浦朱家角,原有米市,明中叶起,因镇上棉花棉布交易发达,镇市集"三泾"之和,有"三泾(即金山的朱泾、枫泾、松江的泗泾)

不及一角（朱家角）"的谚语，等等。这些因棉纺织生产而负盛名的古镇，其中有不少地方风物的传说，构成了段段佳话。

## 乌泥泾与黄道婆

"黄婆婆，黄婆婆！教我纱，教我布，两只筒子两匹布。黄婆婆，黄婆婆！教我纱，教我布，纺纱织布一乃罗。""布机头上出金银，纺车头上聚宝盆，吃不完来

黄道婆墓（方云摄）

用不尽。"在上海童谣中经久传唱的这位黄婆婆,即是明末著名农学家徐光启在描述江南一带"不蚕而棉,不麻而布,利被天下"时所赞颂的"衣被天下"的先棉——宋末元初时的棉纺织革新家黄道婆。

　　黄道婆出生于松江府乌泥泾(今徐汇区华泾镇东湾村),因生活困苦流落至海南崖州,到了晚年才得以重返故里,并将海南黎族先进的棉纺织技艺也带回了故乡。黄道婆在乌泥泾"教以做造捍弹纺织之具",大力改革当地落后的棉纺织工具与技艺,发明出脚踏三锭纺车,纺纱效率成倍提升。她将少数民族的纺织技艺广为传授,"至于错纱配色,综线挈花,各有其法,以故织成被褥带帨,其上折枝团凤棋局字样,粲然若写"。因此,贫困的村民"人既受教,竞相作为,转货他郡,家既就殷",真正地实现了"衣被天下"。正是由于黄道婆的热情传授与无私奉献,百姓以棉业致富,松江府一跃成为全国棉纺织业的中心,成为江南富庶繁荣的古镇。

黄道婆纪念馆内收藏的上海土布服饰

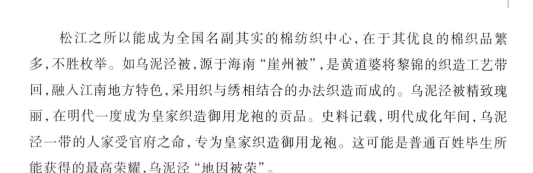

　　松江之所以能成为全国名副其实的棉纺织中心，在于其优良的棉织品繁多，不胜枚举。如乌泥泾被，源于海南"崖州被"，是黄道婆将黎锦的织造工艺带回，融入江南地方特色，采用织与绣相结合的办法织造而成的。乌泥泾被精致瑰丽，在明代一度成为皇家织造御用龙袍的贡品。史料记载，明代成化年间，乌泥泾一带的人家受官府之命，专为皇家织造御用龙袍。这可能是普通百姓毕生所能获得的最高荣耀，乌泥泾"地因被荣"。

　　旧时松江府城内东西二门是棉花贸易的辐辏之地，"每晨至午，小东门外为市，乡农负担求售者，肩相摩袂相接焉"，"数百家布号，皆在松江、枫泾、洙泾乐业，而染房、踹房、商贾悉从之"，出现了大量从事棉花交易的"花行""花市"。由于从事棉花种植和纺织的人口涌向松江，呈现"户口繁多"的兴旺之势，元代松江升府正式设立上海县。受松江府的影响，周围相继涌现出因棉业交易而繁荣的市镇，城镇群如雨后春笋般迅速发展，终形成了上海市镇云集的盛况，为如今上海成为特大经济中心打下了坚实的基础。

## 三林标布进京城

　　明清时浦东三林塘因生产标布而闻名："上阔尖细者，曰标布，出于三林塘者为最精，周浦次之，邑城为下，俱走秦、晋、京、边诸路。"位于浦东地区的三林镇，元朝时和浦西的乌泥泾镇连在一起，原有大木桥相接，后被黄浦江冲断。三林镇后来发展成浦东一大镇，纺织业的兴盛是重要原因。纺织业是三林的支柱产业，四乡家家纺纱织布，当地俗谚有"一个布不到夜，一个锭子不消黑"，说的就是三林织户不分昼夜辛劳织布的场景。

　　在三林塘，流传着"三林标布进京城"的传说，讲的是古代三林塘的一户农家,娶得了一位心灵手巧的儿媳妇,花了大半年时间织出一匹上好的布,让公公拿到市集上去卖,可是根本无人问津。公公气呼呼地回来责备儿媳妇,于是儿媳妇请公公再到大一点儿的地方去卖。一位江西客商看到布后,告诉公公这是上等好布,应该卖到京城去。公公进京去卖布,一卖卖到了王府里,王后娘娘赏银无数。公公高高兴兴地回到家后,却得知儿媳妇受不了婆婆的责备,已经自尽了,公婆愧悔不识人来又不识货。从此以后,三林土布成标布,成为王亲贵族的专用布。三林百姓的生活靠标布,勤劳致富。

三林标布传承人在织布(摄于三林民俗文化中心)

三林庙会上的土布展演

　　三林塘的农村姑娘七八岁时就开始学习纺纱，十几岁时开始学习织布，妇女都是纺纱织布的能手。而真实的"三林标布进京城"的故事，则与三林当地实业家汤学钊有关。三林长街曾经布庄遍设，著名的布庄有汤义兴号、陆万丰号、亿大号等，上海县城的名号如祥泰、启成玉、恒乾仁等也在镇上设坐庄收购土布，最多时一年有200多万匹销往全国各地。

　　然而开埠后，在洋布的剧烈冲击之下，土布一时滞销，乡民生计困窘。汤学钊认为土布相比于洋布，虽不如洋布细洁美观，但厚实耐穿，应发挥所长，重新打开销路，以此振兴国货。在汤学钊的带领下，乡民学习洋布之优点，发扬土布之特长。经过改良，三林土布质量大为提高，果然销路大增。清宣统元年（1909），汤学钊将改良后的新布送去参加全国比赛，获两江总督、江苏巡抚颁给的二等奖状和二等银质奖章。次年，冠以元大牌商标的尖布、格子布，在南洋劝业会上再获农商部银质奖章。1915年，京庄白套布参加农商部国货展览会展览，获金质绘马奖章。此举挽救了土布纺织销售颓势，使其一时风行于北京及东北三省，家庭纺织业得以复盛。

## 嘉定药斑布

嘉定安亭镇盛产蓝印花布,又称"药斑布",是在上海手工棉织布上用靛蓝染制而成的。由于所用的靛蓝染料为板蓝根,是一味中草药,故称为"药斑布"。药斑布的制作工艺和用途,在《练川图记》中有这样的描述:"有药斑布者,以布抹灰药染青,候其干,去之,则青白相间,有楼台、人物、花鸟之形,为帐、幕、衾、帨(佩巾、手绢),颇佳。"药斑布生产的具体操作流程是:在白布上覆以刻有各种图案的花样制版,在其镂空处涂上用石灰和黄豆粉等调制的"灰药"(一种防染剂),然后撤掉样板,以靛青染之。如此一来,有灰药处留白,无灰药处受色,形成青白相间的花色。康熙《嘉定县志·物产》云:"蓝靛出安亭、黄渡诸镇,其居民多艺蓝。"嘉庆《安亭志·风俗物产》中亦有"居人艺蓝为业"的记述。安亭等镇植蓝业的发达,亦可从一个侧面反映了清前期、中期嘉定药斑布生产的盛况。

据古籍记载,嘉定药斑布为安亭归氏所首创,故又称"归氏药斑布",流传于民间的传说也印证了史籍所载。传说在南宋时期,有一个姓归的人于无意之中发明了药斑布。一次,归氏洗了素色的土布,晾晒时不小心打翻了用来刷白墙壁的石灰水,石灰水沾到了无色的布上。后来他拿布去染色,染出来之后,发现有地方沾有石灰,便将它搓掉,搓掉石灰之后,留出了无着色的空白之处。于是,他产生了灵感,将石灰调以黄豆粉,画制花纹抹到布上,然后放在靛蓝的染料中染,之后,去除预先画好的石灰,就显露出了白色的花纹。渐渐地,他设计出了越来越多好看的花样,然后用剪纸剪出来贴在布上,再去染,果然形成了更为美丽的青白相间的图案。随着时间的推移,渐渐地就演变出了蓝印花布。

嘉定药斑布深受群众的喜爱,尤其是明清时代,民间男子大都以穿青衣为

药斑布被面"鹤鹿同春"

药斑布枕套

时尚，而民间妇女则以着蓝花布为美艳。当时，人们日常生活中的许多用品，如衣服、被面、蚊帐、枕套、帐沿、包袱布等，也大都由蓝印花布制作而成。蓝色和白色，简单又原始，却能创造出千变万化、绚丽多姿的纹样，散发出江南水乡特有的淳朴自然。印花布的图案多为具有民间传统吉祥寓意的纹饰，如神话传说、民间故事、戏剧人物、仕女童子、山水风景、鸟兽虫鱼、花草树木等，无不透露出"吉祥如意""四季平安""年年有余""福禄寿喜"等美好的生活愿景与向往。

上海古镇与上海土布的风物传说还有许许多多，散落于古镇的每一条河流、每一道桥梁、每一条巷道、每一栋古建民居……上海土布是初降人世间婴儿的第一个温暖襁褓，是豆蔻少女初长成的第一次独立学习与尝试，是慈爱母亲为女儿出嫁精心准备的压箱底，是持家主妇为全家成员衣食的操劳，更是老人善终的最后告别。土布与古镇居民生活紧密交织，难以分割。上海土布，是一经一纬织出的历史与民俗，是活着的上海记忆最为温柔的部分，更成为海派文化中一道独特而亮丽的风景。

崇明三民民俗文化村收藏的崇明土布纱车与织机

# 古镇：海韵江南的文化基因

　　上海古镇，数不尽的风流。这里呈现不过是百座古镇的吉光片羽。

　　承接现代都市的不是渔村，而是经济繁荣、文化灿烂的古镇。古镇是上海文化的根基。一方面，一批古镇融入都市之中，被都市吞噬，或者是古镇长大，成为城市的经络与肌肉。如龙华镇、法华镇、真如镇、乌泥泾镇等，这种古镇并入都市的进程还在进行中，如七宝镇、南翔镇，它们像珍珠一样嵌入了都市的肌体，是都市的宝藏，当然是昨日的真实的上海生活的积淀。谁说近代上海是在一个小渔村的基础上发展起来的？

　　另一方面，古镇还以独立的身姿，向人们展示上海昨天的辉煌与今天的风采。她带着江南的情韵，成为海韵江南的载体。

　　上海的古镇滨海而生，这与其他江南古镇有着明显的区别。很多的开拓者泛海而来，如三林的开拓者林乐耕，从福建泛舟而来，在三林开拓了自己的空间。如果上溯到三国时期，康僧会从南海来到沪渎之地，建立龙华寺，这也是最早因寺成镇的开拓。所以，上海古镇一开始就是海洋开拓者的舞台。

　　同时，很多古镇都是因为海盐而繁荣，海产是古镇的滋养源头。而航海码头，也催生了不同寻常的港口古镇。也许，今天的古镇码头已经承载不起万吨巨

轮的停泊，但是当年古镇不息的帆影是今日世界航运中心的前奏。上海古镇同样带有海洋的基因。

但是，上海人的主体是来自吴越地区的江南人，所以他们身上带有浓厚的江南气质。无论衣食住行的日常生活，还是琴棋书画的艺术追求，上海与江南都有着血脉关联。这就是海韵江南——上海古镇的文化基因，我们读懂上海古镇的入口。

古镇是上海文化的骨架，海韵江南是古镇的灵魂。上海总是会带着海韵江南的气质，去建设国际卓越城市的博大的文化气派。卓越的国际文化都市，丢不掉上海古镇的文化基因，仿佛是上海城市的文化宿命。

# 后 记

　　上海通志馆落成于1996年，位于浦东新区王港镇，是上海市地方志办公室下属的二级事业单位，主要承担上海地方资料和方志资料的搜集、整理和研究工作，是发展和繁荣上海地方志事业的重要机构。2011年，经上海市人力资源和社会保障局批准，核定为"以管理岗位为主的事业单位"，属公益1类。上海通志馆其历史渊源可追溯至1932年以柳亚子为馆长、朱少屏为副馆长，徐蔚南、胡怀琛、蒯世勋、席涤尘、胡道静等一批学者为馆员，成立于上海法租界的上海市通志馆。新时期的上海通志馆在续写百年发展史的基础上，正在建设成为上海唯一的和综合性的当代地情资料中心。今通志馆馆藏全国省、地、县新编地方志书三万余种，全国省、地出版的地方综合年鉴及上海地情资料万余种，上海出版的首轮志书（包括市级一部10册46卷，10部县志，12部区志，110部专志）百余种。

　　根据《全国地方志事业发展规划纲要（2015—2020年）》提出的"坚持修志为用"的基本原则以及"提高地方志资源开发利用水平"的主要任务，上海通志馆推进实施了"上海地情普及系列丛书"计划。为献礼中华人民共和国成立70周年和上海解放70周年，讲好上海故事，2019年系列丛书推出了关于上海源、苏州河、黄浦江、老城厢、古名镇的精品著作，依靠社会力量集体重构上海城市记忆。

　　这套丛书将大部头、小众化的地方志转化为通俗易懂的地情知识,具有以下特点:准确性,广泛利用权威方志、年鉴及其他地情资料;代表性,以上海本土重要的地情、地域、地理和地标为核心;权威性,汇集上海历史和地域文化研究领域中的名家学者;普及性,以通俗化方式向大众普及上海发展历史和优秀文化。上海通志馆后续还将选择能够反映时代历史巨变、描绘时代精神图谱的系列主题,持续精心打造"上海地情普及系列丛书",努力推进方志文化的通识教育,为上海史研究工作提供系统、完整、丰富的史料,为百姓留下喜闻乐见的文化普及读物。

　　本系列丛书由上海通志馆副馆长吴一峻组织总实施,杨杨博士协调专家学者。由于资料来源、编写水平等方面的局限,对于书中存在的挂漏讹谬之处,望方家不吝指正!

编者

2019 年 5 月

图书在版编目（CIP）数据

海韵江南古名镇/上海市地方志办公室主编；田兆
元著.—上海：学林出版社，2019.8
（上海地情普及系列丛书）
ISBN 978-7-5486-1552-1

Ⅰ.①海… Ⅱ.①上… ②田… Ⅲ.①乡镇—地方史
—上海 Ⅳ.①K295.15

中国版本图书馆CIP数据核字（2019）第148542号


**责任编辑** 张予澍
**整体设计** 姜 明
**封面设计** 魏 来
**摄 影** 郑宪章 林震浩 杨 杨 方 云
          郭腾飞 毕旭玲 游红霞
**图片提供** 高洪兴 松江区非遗保护分中心 吕巷镇文体中心
**文字整理** 毕旭玲 程 鹏 刘 捷 覃 琮
          游红霞 方 云 苏 娟 钱梦琪
**封面题字** 王依群
**特约审校** 王瑞祥


**海韵江南古名镇**
上海市地方志办公室 主编
田兆元 著

出     版 学林出版社
          （200001 上海福建中路193号）
发     行 上海人民出版社发行中心
          （200001 上海福建中路193号）
印     刷 上海丽佳制版印刷有限公司
开     本 720×1000 1/16
印     张 10.75
字     数 15万
版     次 2019年8月第1版
印     次 2019年8月第1次印刷
ISBN 978-7-5486-1552-1/G·593
定     价 58.00元